中国汽车工程学会 编著

世界氢能与燃料电池汽车产业发展报告

2019

ANNUAL REPORT ON GLOBAL HYDROGEN FULL CELL VEHICLE
(2019)

本书重点聚焦氢能与燃料电池汽车产业、技术与经济性评估。全书分为五个部分：第一部分总结全球氢经济发展新阶段、新业态，为我国氢经济发展提出新愿景；第二部分聚焦全球燃料电池汽车产业技术发展动态，总结未来技术发展趋势及成本下降路径；第三部分深度剖析全球氢气"制、储、运、加"环节的技术现状，结合应用场景对各技术路线进行经济性评估，总结现阶段小批量到未来规模化发展最适宜的技术发展方向；第四部分从政策、规划的角度综述中国、美国、日本、韩国、欧洲等主要国家和地区氢经济现状，结合国际经验提出推进我国氢经济健康发展的建议；第五部分选取当下热点话题，从经济性角度对高压气氢与液氢在"制、储、运、加"环节进行全面评估，分析高压气氢和液氢不同应用场景的发展路径。

本书适合汽车、氢能、燃料电池及相关产业从事产业研究、产业管理和技术管理的人员阅读参考。

图书在版编目（CIP）数据

世界氢能与燃料电池汽车产业发展报告. 2019／中国汽车工程学会编著. —北京：机械工业出版社，2019.12
ISBN 978-7-111-64480-4

Ⅰ.①世… Ⅱ.①中… Ⅲ.①氢能-燃料电池-应用-电传动汽车-汽车工业-产业发展-研究报告-中国-2019 Ⅳ.①F426.471

中国版本图书馆 CIP 数据核字（2019）第 286770 号

机械工业出版社（北京市百万庄大街22号　邮政编码100037）
策划编辑：赵海青　　　责任编辑：赵海青　母云红
责任校对：李　玮　　　责任印制：李　昂
北京瑞禾彩色印刷有限公司印刷
2020年1月第1版第1次印刷
169mm×239mm·8.75 印张·105 千字
标准书号：ISBN 978-7-111-64480-4
定价：99.00 元

电话服务　　　　　　　　　　网络服务
客服电话：010-88361066　　　机　工　官　网：www.cmpbook.com
　　　　　010-88379833　　　机　工　官　博：weibo.com/cmp1952
　　　　　010-68326294　　　金　书　网：www.golden-book.com
封底无防伪标均为盗版　　　机工教育服务网：www.cmpedu.com

前　言

过去几年，全球主要国家陆续把发展氢能提升到关系国家经济、低碳能源战略的重要位置，加快氢能相关技术研究，制定促进氢能产业发展政策，一个充满活力的氢能时代已开启，新产品、新技术、新应用不断涌现。随着燃料电池汽车产业的技术发展更新迭代、基础设施建设不断完善，燃料电池汽车的可靠性、耐久性及稳定性进一步提升，应用场景不断拓宽，市场规模进一步扩大，全球氢能与燃料电池汽车产业发展正迎来崭新局面。

在日新月异的外部环境下，我国的氢经济发展迎来新的突破，产业链已基本完备，核心零部件已陆续启动国产化进程，加氢基础设施日益完善，燃料电池汽车示范运营在全国多地开展。为实时了解行业新技术、新动态，把握发展趋势，预判发展方向，为中国氢能与燃料电池汽车产业发展提供经验借鉴，由中国汽车工程学会牵头，联合美国能源部、同济大学、中国科学院大连化学物理研究所、南京大学等机构，整合行业资源，聚焦氢能与燃料电池汽车产业与技术发展，展开技术跟踪和调研，系统梳理了全球氢能与燃料电池汽车产业的最新进展与未来发展趋势，编撰《世界氢能与燃料电池汽车产业发展报告2019》，以期为社会大众全面认识该产业提供指导，为政府部门出台政策法规、相关企业及研究机构制定战略规划提供参考和借鉴。

《世界氢能与燃料电池汽车产业发展报告》是关于全球氢能与燃料电池汽车产业发展的年度性研究报告，2019年为第二次出版。本年度的发展报告重点聚焦氢能与燃料电池汽车产业、技术与经济性的评估，分为五个部分。第一部分总结全球氢经济发展新阶段、新业态，为我国氢经济发展提出新愿景；第二部分聚焦全球燃料电池汽车产业技术发展动态，总结未来技术发展趋势及成本下降路径；第三部分深度剖析全球氢气"制、储、运、加"环节的技术现状，结合应用场景对各技术路线进行经济性评估，总结现阶段小批量到未来规模化发展最适宜的技术发展方向；第四部分从政策、规划的角度综述中国、美国、日本、韩国、欧洲等主要国家和地区氢经济现状，结合国际经验提出推进我国氢经济健康发展的建议；第五部分选取当下热点话题，从经济性角度对高压气氢与液氢在"制、储、运、加"环节进行全面评估，分析高压气氢和液氢不同应用场景的发展路径。

《世界氢能与燃料电池汽车产业发展报告2019》得以顺利出版，凝聚了诸方心血和汗水，在编撰过程中得到了众多领导和专家的支持，他们为本书提供了宝贵的建议和指导，在此表示衷心的感谢！还要感谢联合国开发计划署、中国国际经济技术交流中心、江苏如皋市人民政府的大力支持，感谢美国能源部提供美国氢能与燃料电池汽车产业宝贵的资料，感谢各位参编人员倾力付出，感谢机械工业出版社为本书出版提供的帮助。

鉴于氢能与燃料电池汽车在全世界范围作为新兴技术发展迅速，书中汇总的相关统计数据和资料如有纰漏或者不当之处，恳请各位读者不吝批评指正。编委会将持续深入跟踪研究全球氢能与燃料电池汽车产业的发展，力求客观、科学、合理地阐述产业与技术发展趋势，为政策制定、产业发展提供参考和借鉴，推动我国氢能与燃料电池汽车产业高质量发展。

本书编委会

《世界氢能与燃料电池汽车产业发展报告2019》编委会

编委会主任： 张进华　中国汽车工程学会

编委会副主任： 马金华　江苏省如皋市委、如皋经济技术开发区

编委会委员： John Wallace　联合国开发计划署燃料电池汽车专家
　　　　　　　Andreas Truckenbrodt　前加拿大氢能燃料电池协会主席
　　　　　　　吴志新　中国汽车技术研究中心有限公司
　　　　　　　缪　平　北京低碳清洁能源研究院
　　　　　　　张卫东　联合国开发计划署

主　　编： 张进华　中国汽车工程学会

副 主 编： 侯福深　中国汽车工程学会
　　　　　　王　菊　中国汽车工程学会
　　　　　　宋紫峰　国务院发展研究中心

主要执笔人： 侯　明　中国科学院大连化学物理研究所
　　　　　　　吕　洪　同济大学
　　　　　　　刘建国　南京大学
　　　　　　　刘玉涛　中国航天科技集团有限公司六院101所
　　　　　　　李晓黎　中国汽车工程学会
　　　　　　　刘晓双　中国汽车工程学会
　　　　　　　郑亚莉　中国汽车工程学会
　　　　　　　马金秋　中国汽车工程学会
　　　　　　　葛莹莹　中国汽车工程学会
　　　　　　　刘新洋　中国汽车工程学会

目 录

前言

《世界氢能与燃料电池汽车产业发展报告2019》编委会

第一部分

全球氢经济发展：新阶段、新业态、新愿景

一、全球氢能与燃料电池汽车产业已开启规模化发展势头 ············ 001

二、中国有望凭借规模化的市场需求成为全球燃料电池汽车产业

　　发展的重要市场 ·· 008

第二部分

燃料电池汽车技术进展与成本评估：燃料电池技术迎来新的突破

一、燃料电池乘用车代表燃料电池汽车最先进技术 ···················· 018

二、燃料电池商用车是发挥燃料电池优势的最佳载体 ················· 021

三、燃料电池电堆及系统向着高功率密度、小型化、集成化

　　方向发展 ··· 023

四、提高质子交换膜制造工艺是未来降本的关键和难点 ············· 025

五、国际气体扩散层技术处于垄断地位，国内产品尚处于小规模

　　生产阶段 ··· 027

六、Pt/C 催化剂技术成熟，国外技术处于领先地位 ·················· 029

CONTENTS

七、开发高性能、低成本的金属双极板是未来双极板的发展趋势 ………………………………………………… 031

八、国外空压机整车配套能力强，国内空压机产业已起步 ………………………………………………………… 034

九、高压化、轻量化的Ⅳ型储氢瓶是未来提高车载储氢密度的有效手段 ……………………………………………… 035

第三部分

车用氢能产业技术进展评估：经济性是未来规模化发展的重要考量标准

一、氢气制取与纯化技术发展：化石燃料制氢仍占主导地位 ………… 038

二、氢气输运技术发展：运输场景是决定输运选择的关键 ………… 047

三、加氢基础设施技术发展：我国与全球领先水平差距明显 ………… 051

第四部分

世界氢经济发展综述：国家战略加紧布局，氢能示范积极推进

一、日本：氢能发展积极推动者，致力建设"氢能社会" …………… 064

二、韩国：规划氢能路线，注重基础设施建设 …………………… 068

三、欧洲：氢能路线图规划发展，助力欧洲脱碳计划 ……………… 071

四、智利：发展太阳能氢工业，建立氢能全球市场 ………………… 075

五、中国：氢能发展战略明确，氢能示范成果明显 ………………… 078

六、美国：长期的政府引领和持续的政策支持奠定了雄厚的产业基础 …………………………………………………………… 079

七、总结与建议 ……………………………………………………… 093

第五部分

高压及液氢制储运技术发展趋势、成本、效率及经济性评估

一、国内外高压、液态制储运技术发展现状 ·················· 095

二、我国液氢制储运产业链发展现状 ·················· 099

三、对高压、液态制储运技术的经济性评估分析 ·················· 104

四、对氢气制储运技术发展的展望 ·················· 113

附　录

附录 A　加氢基础设施及燃料电池汽车相关数据统计 ·················· 117

附录 B　国家及地方政府氢能与燃料电池汽车相关产业规划 ·················· 119

附录 C　中国氢能与燃料电池相关标准 ·················· 128

第 一 部 分

PART ONE

全球氢经济发展：新阶段、新业态、新愿景

过去几年，全球主要国家陆续把发展氢能提升到国家经济和能源发展战略的重要位置，全球氢经济发展趋势逐渐明朗。从技术发展程度、市场体量规模和基础设施建设等综合维度来看，燃料电池汽车被公认为是实现氢能发展愿景的关键突破口，抓住燃料电池汽车产业发展契机是引领全球氢能产业发展的重中之重。自 2014 年以来，以丰田、本田和现代等汽车公司陆续推出商业化燃料电池汽车产品为标志，燃料电池汽车产业化进程加快。近年来，随着示范推广力度的持续加大，燃料电池汽车可靠性、耐久性和稳定性有了进一步提升，成本进入下降通道，全球燃料电池汽车产业市场发展正迎来新局面。

一、 全球氢能与燃料电池汽车产业已开启规模化发展势头

（一） 大规模发展氢经济已成为全球主要国家的基本共识和合作焦点

世界主要国家已就氢经济发展路线图进行规划，强调构建便利可靠的氢能供应体系及完善的应用市场，为大规模发展氢经济提供战略支撑。2019 年，韩国、欧盟和日本相继发布氢经济路线图，从以燃料电池为动力的移动出行领域、发电领域、氢气供应体系及安全监管领域做出了面向未来的发展规划，着重解读大规模发展氢经济将带来的巨大经

济、社会和环境效益。其中日本的《氢能和燃料电池发展战略路线图》完成第三次修订，该路线图还从氢能与燃料电池可获得性角度着重强调成本下降路线，为大规模发展氢经济提供战略性的指导。韩国国土、基础设施、交通和旅游部于 2019 年 10 月宣布了"氢试点城市推广战略"，氢将作为主要能源满足试点城市如制冷、供暖、电力和交通等城市功能。2019 年 11 月，德国联邦运输和数字基础设施部与 H2Mobility 公司签署合作协议，就进一步扩大氢能产业布局达成共识：到 2021 年底具备高效的加氢能力，能满足 6 万辆燃料电池乘用车和 500 辆燃料电池商用车的运营。此外，德国政府还于 2019 年底颁布了《国家氢能发展战略》。

国家间达成共识且相互合作日益强化，氢能将在世界向可持续能源发展的过渡期发挥关键作用。在 2019 年 6 月召开的第二届 G20 环境能源部长级会议上，氢能成为各国关注的焦点，会议在联合声明中强调日本、欧洲、美国将加强凝聚力，以加速氢能与燃料电池技术的发展，降低成本，扩大使用范围，并在氢能技术领域展开广泛合作。会上，国际能源署（International Energy Agency，IEA）发布首份氢能发展报告，从政策、市场等角度指出当前氢能已达到规模化应用、大幅降低成本的关键时期。随后，9 月举行的第二届氢能源部长级会议发布了一个雄心勃勃的目标：全球 10 年内建设 1 万座加氢站和投入包括货车、飞机和汽车在内的 1000 万辆燃料电池交通工具。氢能和燃料电池汽车产业迈入快速成长期。

（二）燃料电池在交通方面运用的领域和规模持续扩大

全球燃料电池汽车保有量突破万辆大关，截至 2018 年底，全球燃料电池汽车销量达 12952 辆，主要以燃料电池乘用车为主。其中，得益于美国加利福尼亚州（以下简称加州）相对完善的加氢基础设施体系，

第一部分

全球氢经济发展：新阶段、新业态、新愿景

美国是目前燃料电池汽车的主要市场，燃料电池汽车保有量占比达 45.5%。截至 2018 年，全球燃料电池汽车累计销售量占比如图 1-1 所示。

燃料电池乘用车新车型迭代涌现，销售量持续上涨。北美、欧洲以及亚洲的日本、韩国仍然是燃料电池乘用车的主要市场，截至 2019 年 9 月，作为燃料电池乘用车代表车型的丰田 Mirai 全球销售量已接近 1 万辆，丰田于 2019 年 10 月发布 Mirai 第二代车型，将于 2020 年实现量产；韩国现代 2018 年推出的第二代燃料电池汽车 Nexo 全球销售量已突破千辆，并于 2022 年计划将 Nexo 产能提高到每年 4 万辆。

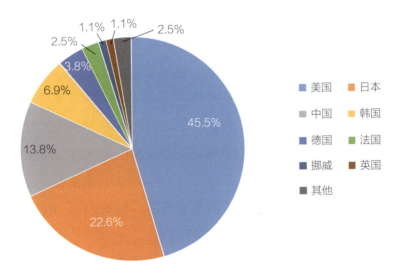

图 1-1 全球燃料电池汽车累计销售量占比（截至 2018 年）

注：数据来源于 IEA。

燃料电池客车示范运营已在全球多地开展，成为多国构建"零排放城市"的突破口。截至 2019 年 9 月，在欧盟燃料电池及氢能合作组织（FCH JU）多个项目助推下，60 多辆燃料电池客车在欧洲超过 5 个国家进行示范运营，未来欧洲还将增加约 450 辆燃料电池客车，示范运营的范围将扩展至超过 20 个国家；美国在联邦政府、国家计划等项目支持

下，截至 2019 年 9 月，美国运营的燃料电池客车达 35 辆，未来还将有超过 39 辆的燃料电池客车投入运营。此外，日本、韩国政府及整车企业也在积极推动燃料电池客车的示范运营。韩国现代于 2018 年为平昌冬奥会提供 6 辆燃料电池客车，2019 年提供 30 辆燃料电池客车在韩国 6 个城市进行示范运营。丰田将为日本 2020 年东京奥运会提供 100 辆燃料电池客车（Sora）进行示范运营。

燃料电池货车成为"零排放货运"的解决方案，正受到越来越多的重视。在轻型货车方面，以联邦快递（FedEx）、UPS 和 DHL 等物流公司为主推动燃料电池厢式货车在物流领域的示范运营，其中，DHL 到 2020 年将燃料电池厢式货车的数量增加到 500 辆；日本丰田将为 7-Eleven 便利连锁店开发燃料电池厢式货车，三菱扶桑推出了燃料电池厢式货车样车。在中、重型货车方面，燃料电池整车及相关企业持续发力，康明斯推出了燃料电池重型货车样车；丰田、尼古拉等整车企业已开发出新一代燃料电池货车，并陆续进入路试阶段；韩国现代的新一代海王星燃料电池重型货车概念车也已亮相；2019 年 9 月，江铃重汽推出国内首辆燃料电池牵引车，目前正在申报工业和信息化部（简称工信部）机动车产品公告。随着车型的逐渐成熟，未来燃料电池汽车在中、重型货车领域将发挥越来越重要的作用。

燃料电池叉车的使用成为港口、货运中心及仓库等实现"低碳""零排放"的重要举措。截至 2019 年 9 月，全球燃料电池叉车保有量超过 2.5 万台。得益于美国能源部与产业界的共同推进，美国成为燃料电池叉车的最大市场，燃料电池叉车全球销量占比达 96.7%。

燃料电池列车开始以全新姿态进入大众视野。2019 年 6 月，英国展出燃料电池列车，并宣布将于 2020 年开始在英国铁路线上进行测试；2019 年 9 月，全球首列燃料电池列车于德国正式投入运营；2019 年 11 月，阿尔斯通公司在荷兰测试其燃料电池列车；2019 年 11 月，佛山高明燃料电池有轨电车正式试运行。截至 2019 年 9 月，燃料电池车辆全球示范运营量见表 1-1。

表 1-1 燃料电池车辆全球示范运营量（2019 年 9 月）　　（单位：辆）

国别	车型			
	燃料电池乘用车	燃料电池客车	燃料电池货车	燃料电池叉车
德国	500	21	2	100
荷兰	58	8	8	0
英国	100	20	0	0
法国	324	0	1	180
意大利	15	10	0	5
挪威	159	5	0	10
加拿大	17	1	2	400
美国	6500	35	0	25000
日本	3026	18	0	160
韩国	889	2	0	0
总量	11588	120	13	25855

注：数据来源于 IPHE& 调研。

（三）加氢基础设施网联化、供氢体系全球化进程加速

全球加氢基础设施快速发展，网联化加速。截至 2019 年 9 月，全球建成的加氢站达 395 座。其中，日本拥有全球最多的加氢站，达 109 座，主要围绕东京、大阪、名古屋、福冈等大城市圈，兼顾氢高速公路向周围辐射。美国建成的加氢站达 46 座，其中 41 座位于加州，美国加州加氢站规划注重站与站之间的连接，已基本形成以洛杉矶和旧金山为中心的两大加氢站集群及沿途连接站所组成的加氢站网络。韩国已建成加氢站 28 座，根据韩国 2019 年发布的《韩国氢经济路线图》，韩国计划到 2019 年建成 86 座加氢站，实现加氢站网络化发展，到 2022 年规划建设加氢站 310 座，扩大加氢网络覆盖范围。我国已经建成加氢站 45

座，2019年5月，中国汽车工程学会受上海、如皋等城市委托，在长三角合作办公室指导下编制并发布《长三角氢走廊建设发展规划》，将分阶段以长三角城市群城际间带状及网状加氢基础设施建设为重点，形成长三角加氢站网络化发展格局。

全球化的供氢体系逐渐建立，为氢经济发展提供廉价、稳定的氢源。日本致力于打造国际氢能供给体系，日本川崎重工与澳大利亚政府合作开展褐煤制氢试点项目，并建立海上氢运输体系，目前已经开展跨越9000km的世界首个液氢运输试验。日本还先后与新西兰、文莱、挪威等国合作开展氢能海外制氢项目。韩国也计划打造海外氢能生产基地，以稳定国内氢气的供给。

（四）全球化的燃料电池汽车产业链体系已开始探索成本下降路径

日本、韩国、美国以及欧洲等传统汽车大国经过几十年的研发与产业化投入，已掌握从基础材料到系统集成、终端应用的核心技术，由燃料电池整车为带动的较为完善供应链体系已基本形成，车载燃料电池及关键零部件经过了系统的实车验证，技术臻于成熟，燃料电池汽车实现了真正意义上的产业化，并开始探寻建立成本最优的商业化体系，为大规模发展氢能与燃料电池技术提供基础。

各大整车企业通过控股、发展子公司等模式建立起以自供应为主的燃料电池汽车供应链体系，实现核心技术的自掌控及成本的精细化控制。如日本丰田通过控股多家全球领先的日本本土汽车零部件厂商，打造出燃料电池核心零部件本地化的内部供应网络。日本本田燃料电池系统也以自主研发与自主供应为主，韩国现代则通过现代摩比斯（零部件子公司）来自主研发燃料电池系统及核心零部件。此外，德国奔驰的燃料电池汽车零部件也主要由集团内部或旗下子公司供应。

燃料电池整车企业通过与产业链的核心环节，如质子交换膜、碳纸、催化剂等供应商合作开发核心基础材料，实现性能优化和成本分摊。如美国戈尔（GORE）公司与丰田共同开发超薄增强型质子交换膜，并应用于丰田燃料电池系统，实现了性能的优化和成本的大幅降低。韩国现代燃料电池新车型 Nexo 采用的是来自德国 SGL 的气体扩散层。

在产业发展初期阶段，燃料电池整车企业之间开放合作、共享专利、共摊成本的方式已逐渐形成。日本丰田为推动燃料电池汽车产业发展，已开放超过 8000 项氢能和燃料电池相关专利；奥迪与韩国现代就燃料电池汽车签署多年专利交叉许可协议，共享燃料电池汽车相关专利；通用汽车与本田联合在美国成立合资公司，共同合作开发燃料电池系统，以降低成本。

（五） 产品的迭代及头部企业的加入加速技术的进步

国际上，以燃料电池乘用车为代表的燃料电池技术已开始迭代，技术水平大幅提升。韩国现代继 Tucson 燃料电池汽车后，于 2018 年推出新一代产品 Nexo，其燃料电池系统效率、续驶里程等得到大幅提升。丰田于 2019 年发布了第二代 Mirai 概念车，搭载丰田全新的燃料电池系统，功率密度等各项性能进一步提升，预计 2020 年实现量产。第二代 Mirai 的量产标志着燃料电池乘用车技术进入了一个新阶段。此外，燃料电池零部件企业也加速其产品的迭代。巴拉德于 2019 年 6 月公布了其用于重型动力第八代高性能燃料电池模块 FCmove – HD，全生命周期成本将降低 35%，可靠性显著提高。美国戈尔公司于 2019 年 9 月在第四届国际氢能与燃料电池汽车大会上发布了其全新一代 12μm 的质子交换膜产品，其氢渗透电流密度和耐久性与 15μm 产品相当。

全球汽车零部件巨头企业纷纷涉足燃料电池领域，布局开展燃料电池业务。2019 年 2 月，德国汽车零部件巨头采埃孚宣布将为英国燃料电池双层巴士制造商亚历山大丹尼斯公司（ADL）提供电驱动系统；博世成立"Fuel Cell Mobility Solutions"部门，于 2019 年 7 月宣布计划每年投资 1 亿欧元启动燃料电池汽车核心零部件开发；舍弗勒于 2019 年 10 月在第 46 届东京车展上展示其最新研发的金属双极板电堆产品，正式宣布涉足燃料电池产业；弗吉亚于 2019 年上海车展期间宣布每年将投入约 1500 万欧元研发燃料电池技术。

二、 中国有望凭借规模化的市场需求成为全球燃料电池汽车产业发展的重要市场

我国在氢能与燃料电池汽车产业中所处的全球位势表现得越来越清晰。但是我国氢能与燃料电池产业与全球领先国家依然存在着不小的差距，一方面，我国燃料电池汽车发展以商用车为主，乘用车仍处于小批量生产阶段，燃料电池乘用车技术和成本与领先国家仍有很大差距；另一方面，我国虽已形成燃料电堆、系统等关键零部件产业化生产能力，但核心部件及基础材料，如质子交换膜、气体扩散层、催化剂和氢气循环泵等还依赖进口。尽管产业与技术存在明显短板，但是通过政府和产业的共同发力，近年来我国氢能与燃料电池汽车产业发展取得了长足进步。

（一） 国家、地方产业政策明晰氢能产业发展方向

我国高度重视氢能与燃料电池产业的发展，一系列的产业政策以及国家相关部门多次提及等明确了产业发展方向。2019 年，生态环境部等 11 个国家部委联合发布《柴油货车污染治理攻坚战行动计划》，明确提出鼓励各地组织开展燃料电池货车示范运营；氢能首次被写入国务院《政府工作报告》中，强调了"推动充电、加氢等设施建设"等内容；工信部装备工业司编制的 2019 年新能源汽车标准化工作要点，明

确包括燃料电池电动汽车等五大重点研究领域的工作要点；在财政部、工信部、科技部和国家发展改革委四部委发布的《关于进一步完善新能源汽车推广应用财政补贴政策的通知》中，明确补贴将转为用于支持加氢和充电基础设施"短板"建设和配套运营服务等方面。相较于如火如荼的氢能事业，国家产业政策则战略性地指导和推动加氢基础设施建设步伐，理性地为产业发展、补齐短板提供更多的空间和时间，以减少产业对政策的依赖。

多省、多地政府积极发布氢能产业规划，地方性的产业政策逐渐明晰。继上海、苏州、如皋、佛山和张家港等地发布氢能与燃料电池产业规划后，2019年，江苏、浙江两省发布省内氢能产业规划，从顶层设计上对省内氢能与燃料电池产业进行整体布局；天津、六安、张家口、常熟、嘉善和宁波等12个地区发布氢能产业规划，重点支持燃料电池汽车示范运营、加氢基础设施建设等，其中佛山、如皋、武汉、潍坊先后发布加氢基础设施建设和运营指导意见，明确加氢站建设运营管理办法，为当前全国加氢站管理尚未明朗的时期提供重要的政策借鉴与参考。

（二） 氢能与燃料电池汽车示范推广多地开展

自北京奥运会、上海世博会以来，我国以商用车为主的示范运营规模不断扩大，特别是在公交和物流领域积累了丰富的推广运营经验。在各地政府、企业的大力推动下，根据中国汽车技术研究中心有限公司（以下简称中汽中心）产量数据，截至2019年9月，我国燃料电池汽车累计产量达4890辆，其中，商用车累计产量达4817辆，占燃料电池汽车总产量的98.5%。我国凭借规模市场优势，积极推动氢能产业发展，目前已形成了氢能和燃料电池产业发展的三大领跑示范区域。我国燃料电池汽车产量如图1-2所示。

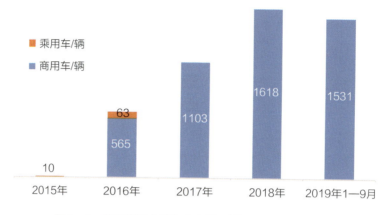

图1-2 我国燃料电池汽车产量（截至2019年9月）

注：数据来源于中国汽车技术中心。

三大领跑示范区域简介如下。

一是以上海、如皋、常熟、张家港和嘉善等地为代表的长三角地区。长三角地区作为我国氢能产业示范领先地区，在加氢站方面，截至2019年11月，已建成加氢站14座，还有17座在建设或规划中；在燃料电池汽车方面，截至2019年9月，有超过500辆燃料电池物流车、339辆轻型客车、54辆燃料电池公交车等正在上海、如皋、张家港和嘉善等地运营。为指引加氢基础设施建设，《长三角氢走廊建设发展规划》于2019年5月正式发布，计划以长三角城市群城际间带状及网状加氢基础设施建设为重点，到2021年以前建成4条氢高速公路、40座以上加氢站；2025年以前建成10余条氢高速公路、200余座加氢站，形成重点城市加氢网状联动；2030年以前建成20余条氢高速公路、500余座加氢站，形成全网络覆盖。长三角地区已初步具备燃料电池汽车一体化示范的基础，以上海为龙头，以各先行城市的氢能与燃料电池汽车示范规划为基础，注重城际间协同互通，以此带动基础设施协调和产业链建设发展，形成国内首个跨区域一体化示范区。

二是以张家口等地为代表的京津冀地区。张家口作为全国唯一的国家级可再生能源示范区，发展氢能具有一系列独特优势。在张家口，水电解制氢已纳入"政府+电网+发电企业+用户"四方协作机制，可享受0.36元/(kW·h)左右的优惠电价。随着氢能与可再生能源研究院投入运营，制氢和燃料电池企业将加快落户和布局，氢能全产业链发展格局正在逐渐形成。以2022年冬奥会为契机，张家口2018年引进燃料电池公交车74辆，2019年新购置燃料电池公交车100辆，预计到2021年将累计推广各类燃料电池车辆1500辆，其中公交车累计推广1000辆，建成公共交通氢能应用示范城市。

三是以佛山、云浮等地为代表的珠三角地区。2018年，《佛山市氢能源产业发展规划（2018—2030年）》发布，提出到2030年集聚氢能及燃料电池企业超过150家，培育氢能及燃料电池龙头企业8家，形成氢能源及相关产业累计产值超过千亿元。为此，佛山配套出台了补贴政策，投入资金用于支持新能源公交车推广应用和配套基础设施建设。目前，珠三角已运行331辆燃料电池公交车、492辆物流车和1辆冷藏车；已建成10座加氢站。

（三）技术进步和产业规模不断扩大带来发展新动能

我国燃料电池产业链体系已基本建立，关键零部件已启动国产化进程。我国燃料电池汽车产业经过近20年的发展，产业链已基本涵盖燃料电池整车、燃料电池系统、燃料电池电堆及零部件等领域，基本建成以整车制造及燃料电池系统为牵引的燃料电池汽车供应链和产业链体系，尤其是在系统、电堆等方面，我国已基本实现了国产化供应（表1-2）。但总体来说，我国燃料电池电堆及零部件领域的相关企业依然较少，特别是关键材料和核心部件领域，如质子交换膜、气体扩散层、催化剂、空气压缩机（以下简称空压机）和氢气循环泵等，国内虽已有相关企业在持续研发并不断进步，但是与国际先进水平相比，由于缺乏实车验证及经验积累，其产品在工程验证和批量制造方面与国外还存在一定差距。

表1-2 我国燃料电池商用车运营及部分核心零部件供应商情况

车企	领域	系统供应商	气瓶供应商	运营区域	截至2018年底运营规模辆
青年汽车	公交、物流	南通百应	北京科泰克	淄博、西安、如皋	408
福田汽车	公交、物流	亿华通	北京科泰克、天海	北京、张家口	114
宇通客车	公交	亿华通、重塑科技	国富氢能、派瑞华氢、北京科泰克	张家港、郑州、潍坊	58
奥新新能源	物流	上燃动力、浙江氢途	上海舜华、国富氢能	上海、山东	38
上汽大通	轻客	上汽捷氢	北京科泰克	上海、抚顺、佛山、大连	390
申沃客车	公交	上汽捷氢	上海舜华	上海	6
东风特汽	物流	重塑科技	国富氢能	上海、佛山、十堰	426
佛山飞驰	公交、物流	重塑科技	—	佛山	40
亚星客车	公交	弗尔赛	科泰克	潍坊	4
中通客车	公交	弗尔赛	—	潍坊	16

注：数据来源于行业调研。

我国燃料电池汽车的一些核心零部件，如膜电极、双极板、空压机及储氢瓶等也已启动国产化进程，建成批量化生产线。在关键材料和核心零部件方面，新源动力现已建成 1.8 万 kW/年的车用燃料电池电堆生产线，形成膜电极、双极板、电堆、模块设计和制造等生产能力；南京大学联合其孵化的高新技术企业——江苏延长桑莱特新能源科技有限公司进行了产业化放大，搭建了 100kg/年的催化剂中试线和 3000m^2/年的膜电极中试线；武汉理工新能源也形成了 2000m^2 的膜电极产能；上海治臻已建成年产 50 万件的金属双极板生产线；山东东岳的质子交换膜生产能力已达 1 万 m^2/年，目前正在扩产中。在供氢、空气供应子系统方面，雪人股份目前已开发出适配 50kW 和 100kW 燃料电池系统的空压机，已形成 300 台套/月的空压机产能，随着未来进一步扩产，到 2020 年将形成 1000 台套/月的产能；江苏国富氢能已建成 1 万台/年车载专用储氢瓶生产线，2020 年Ⅲ型瓶产能拟扩产至 5 万台/年，涵盖 35MPa、45MPa、70MPa 等多种压力等级和容积规格。期待下一步在质子交换膜、催化剂、碳纸及氢气循环泵等关键领域取得明显突破。

此外，我国自主研发的燃料电池技术取得了较大的进步，相关技术已取得关键性进展。燃料电池电堆方面向着开发大于 80kW 的大功率方向发展，体积功率密度、耐久性等均实现一定程度的提高。上海捷氢科技的新一代 P390 金属板燃料电池系统已成功试装下线，电堆功率达 115kW，系统功率达 92kW，实现 -30℃ 低温启动，将用在 2020 年量产新车型上。在燃料电池关键零部件方面，膜电极功率密度已突破 1.85W/cm^2，已建立卷对卷生产体系；以山东东岳为代表的质子交换膜生产企业的复合膜技术已经通过加拿大 AFCC 公司技术和质量评估认证；合金催化剂研究取得一定进展，开发的 PtNi 纳米线合金催化剂和 PtCu 合金催化剂等质量比活性大幅提升，能达到 Pt/C 的 2~4 倍。随着燃料电池关键零部件技术的不断进步，我国燃料电池汽车产业将实现新一轮的技术更迭。

（四）大型国企积极转型拥抱氢能产业

在应对全球气候变暖、节能减排及我国蓝天保卫战等的背景下，我国大型央企、头部企业纷纷拥抱和共推"零排放"的氢能产业。以中石油、中石化及国家能源集团为代表的大型能源企业，利用自身的能源优势及基础设施优势，积极构建氢能产业体系，探索与当地政府等合作共建加氢基础设施模式，寻求未来实现可再生能源制氢的解决方案。中石化深化氢能产业布局，拥有较强的制氢能力，积极涉足加氢基础设施领域，于2019年7月在广东佛山建成国内首座油氢合建站。国家能源集团积极布局氢气制备、存储、运输及加氢产业，助推加氢站建设步伐，2019年由神华集团投建的如皋加氢站正式建成。浙能集团和中国航天科技集团第六研究院于2019年10月签署战略合作协议，合资共建氢能工程公司和氢能研发中心，加速推进浙江省氢能产业链建设。山西最大的煤化工企业潞安集团借助氢能进行战略转型，于2019年先后携手美国AP、江铃重汽、东方电气等国内外知名企业布局氢能与燃料电池产业，推动山西煤炭产业转型升级。以国家电力投资集团有限公司（简称国电投）、东方电气、中广核等为代表的企业重点布局燃料电池产业，2019年国电投已构建燃料电池电堆及系统、关键零部件等较为完备的产业体系，完成了扩散层、催化剂、膜电极、双极板、电堆组装及系统控制等的自主研发，部分性能指标达到了世界领先水平。国电投还将寻求在可再生能源制氢及储能方面的技术突破，东方电气已建立了燃料电池自主知识产权体系。

越来越多的整车企业将燃料电池汽车列入新能源汽车发展战略之一，纷纷推出燃料电池汽车产品。上汽集团将发展燃料电池汽车上升为企业新能源战略之一，上汽开发的燃料电池汽车已涵盖乘用车、轻型客车及中大型客车，未来还将推出燃料电池物流车等多种车型；长城汽车 2016 年就开始了燃料电池汽车研发工作，目前已经形成了未势能源、氢能检测、上燃动力三个业务板块全面布局氢能和燃料电池汽车产业；长安汽车于 2019 年 8 月发布首款燃料电池乘用车车型，规划于 2025 年后推出量产版燃料电池汽车；吉利汽车于 2019 年 5 月发布两款燃料电池客车，也一直致力于开发燃料电池乘用车。

（五） 国际交流与合作加深带来发展新机遇

我国燃料电池企业与国际主流企业的技术交流与国际合作进一步加强。继广东国鸿氢能与加拿大巴拉德动力系统有限公司合资成立广东国鸿巴拉德氢能动力公司、中山大洋电机与加拿大巴拉德动力系统有限公司合资成立上海电驱动股份有限公司后，2018 年 11 月，潍柴动力入股加拿大巴拉德动力系统有限公司，成为其第一大股东，并成立合资公司，共同研发生产燃料电池动力系统。2019 年 4 月，丰田汽车与清华大学合作成立清华大学 – 丰田联合研究院，设立清华 – 氢能与燃料电池研究中心，开启校企合作新篇章；与此同时，丰田汽车与北汽福田、亿华通展开合作，共同为 2022 年北京冬奥会研发燃料电池服务车辆。2019 年 9 月，西门子股份公司与国家电力投资集团有限公司签署《关于绿色氢能发展和综合利用的合作谅解备忘录》，将进一步合作推广绿色氢能和 Power-to-X 技术。2019 年 9 月，广汽集团与丰田签订战略合作框架，致力于共同推进燃料电池汽车发展。2019 年 11 月，中石化与法国液化空气集团签署战略协议展开氢能领域合作，成立氢能公司，共同推动氢能产业在我国的发展。江苏省如皋市与现代汽车签署了"燃料电池商用研究开发和示范应用项目"合作协议，未来现代商用车将加速进入中国市场。

（六）公众认知度和社会投资高涨为产业发展创造条件

氢能与燃料电池产业已成为能源与汽车产业投资的新风口，社会投资不断攀升。2019 年氢能与燃料电池产业领域大型投资包括重塑科技氢能产业基地项目落户佛山南海区，项目总投资 21.6 亿元；中植一客获 5 亿元增资，加速在成都的发展；东莞投资 22 亿元建"国青氢谷"氢能产业园；威孚高科 726 万欧元收购丹麦 IRD 公司 66% 股权进入燃料电池核心零部件领域；美锦能源在嘉兴建设美锦氢能汽车产业园，预计总投资 100 亿元；雪人股份总投资 45.5 亿元的燃料电池及核心零部件制造项目落户重庆；南都能源与中广核成立氢能产业股权投资基金，首期出资规模拟定为 2.01 亿元；长城控股出资 3.07 亿元完成对上燃动力增资扩股；雄韬氢雄大同氢能产业园投资 27 亿元；莱西经济开发区 FCP 中德氢能源产业园项目总投资 40 亿元；中国汽车工程研究院股份有限公司拟投资约 5 亿元的国家氢能动力质检中心项目正式落户重庆两江新区；龙蟠科技对明天氢能增资 8000 万元；厚普股份与液化空气集团共建合资公司液空厚普氢能源装备有限公司等。

在产业积极发展的同时，全社会对氢能与燃料电池汽车的认知度也在逐渐提高。2019 年 9 月，中国汽车工程学会连续第二年举办面向公众的燃料电池汽车科普巡游活动，集结了由国内外整车企业的 15 辆最新燃料电池轿车、轻型客车、中大型客车及物流车组成的燃料电池车队，历时 4 天途经嘉兴、上海、常熟、南通及如皋 5 个城市，通过科普活动和 216km 的实路巡游，向公众展示了燃料电池汽车安全可靠和清洁环保的特性，为产业发展奠定了良好的社会基础。

立足当下、展望未来，我国发展氢能与燃料电池汽车产业挑战和机遇并存，总的来说，机遇大于挑战。一方面，我国积累了丰富的新能源汽车研发及推广经验，并具有明显的体制优势。我国高度重视新能源汽车的发展，通过十多年的努力，政府部门及产业各界积累了丰富的新能源汽车研发、产业化和推广应用经验，形成了较强的电驱动系统技术体系和产业基础，将有效支撑我国氢能与燃料电池汽车产业的健康发展。另一方面，我国氢气资源丰富，可有力支撑氢能燃料电池汽车规模化发展。我国氢气资源获取路径多样，不仅有丰富的工业副产氢气（焦炉煤气、煤制甲醇、合成氨及氯碱化工副产气等），还可从清洁的风力发电、光伏发电及水力发电等可再生能源中制取，同时也掌握了煤气化、天然气重整等传统能源规模化制氢技术。我国每年可获得低成本工业副产氢超过 800 亿 m^3，这将有力地支撑我国大规模氢能经济的发展。此外，我国汽车市场容量巨大，易于率先形成规模效应，进而引领全球燃料电池汽车发展。我国汽车产业发展迅速，产销量连续 10 年位居全球第一，随着我国城镇化、城市化加速，汽车产销量仍有较大增长空间，氢能与燃料电池汽车在我国规模化的应用将引领全球产业化发展步伐。因此，立足产业发展当下，进一步创新体制机制，发挥独特的市场优势，对我国氢能与燃料电池汽车产业发展至关重要。

第二部分

PART TWO

燃料电池汽车技术进展与成本评估：燃料电池技术迎来新的突破

侯 明 刘建国 李晓黎※

一、燃料电池乘用车代表燃料电池汽车最先进技术

国际上，燃料电池乘用车以燃料电池动力系统为主要动力源，整车动力性、耐久性与传统能源车相当。国际燃料电池乘用车已开始产品迭代，丰田发布第二代燃料电池乘用车 Mirai，具有更优的性能和续驶里程，韩国现代于 2018 年发布了其燃料电池乘用车第二代产品 Nexo。丰田、本田、现代的燃料电池乘用车还可以通过接入外部充接口，为家庭或住宅提供 60kW·h、最大输出功率 9kW 的交流电，大大丰富了燃料电池汽车的使用场景。而以奔驰、宝马、奥迪为代表的欧洲整车企业也相继发布了燃料电池乘用车规划。如奔驰于 2018 年发布了全球首款插电式混合动力燃料电池乘用车 GLC F-CELL，未来将实现小规模生产；宝马规划将于 2025 年量产首款燃料电池汽车；奥迪将推出首款燃料电池概念车，并计划于 2021 年实现量产。

我国燃料电池乘用车主要采用燃料电池 - 动力蓄电池混合技术，由于目前我国加氢基础设施建设不足，我国燃料电池乘用车仍处于小批量生产阶段，燃料电池乘用车技术与国外先进水平存在一定的差距（表 2-1、表 2-2）。

※ 侯明，博士，博士生导师，中科院大连化学物理研究所研究员，主要从事燃料电池研究工作；刘建国，博士，南京大学教授，主要从事燃料电池关键材料和相关技术的研究与开发；李晓黎，中国汽车工程学会产业研究研究员。

第二部分 燃料电池汽车技术进展与成本评估：燃料电池技术迎来新的突破

表2-1 国内外燃料电池乘用车技术与产业化对比情况

项目	国际技术与产业化情况	我国技术与产业化情况
技术路线	以燃料电池动力系统为主要动力源	燃料电池-动力电池混合技术
系统功率	>100kW	50kW左右
匹配动力蓄电池	1kW·h左右	10kW·h左右
冷启动温度	-30℃	-20℃
车载储氢瓶	70MPa，Ⅳ型储氢瓶	35MPa，70MPa，Ⅲ型储氢瓶
一次加氢续驶里程	>600km	>300km
整车动力性	对不同工况、不同行驶状态的快速响应能力，0—100km/h加速时间可控制在10s以内	0—100km/h加速时间可控制在10s以上
耐久性、可靠性	单车最高运营里程接近48万km，最高运行时长超过5600h（美国能源部在2006—2018年间对超过230辆燃料电池乘用车累计行驶里程超过700万mile[①]的实路运营数据进行评估）	无权威机构进行跟踪评估
量产车型	丰田Mirai、本田Clarity、现代Nexo等	上汽荣威950实现小批量生产

① 1mile约为1.609km。

表 2-2 国内外燃料电池乘用车参数对比

参数	丰田 Mirai	本田 Clarity	现代 ix35	现代 Nexo	上汽荣威950
车重/kg	1850	1890	2290	2210	2080
最高车速/(km/h)	175	166	160	179	160
0—100km/h 加速时间/s	9.6	8.8	12.5	9.7	12
燃料电池堆功率/kW	114	103	124	135	43
电堆体积比功率/(kW/L)	3.1	3.1	—	3.1	2
低温冷启动温度/℃	-30	-30	-30	-30	-20
蓄电池参数	1.6kW·h 镍氢蓄电池	1.7 kW·h —	0.95kW·h 锂离子蓄电池	1.56kW·h 锂离子蓄电池	11kW·h 镍钴锰酸锂蓄电池
电机参数	113kW 335N·m	130kW 300N·m	100kW 300N·m	120kW 395N·m	90kW 300N·m
规格/MPa×个数	70×2	70×2	70×2	70×3	70×2
储氢瓶总容量	122.4L 4.92kg	141L 5.67kg	144L 5.64kg	156.6L 6.33kg	4.2kg
续驶里程/km	650 (JC08工况)	750 (JC08工况)	600	800 (NEDC工况)	430

二、燃料电池商用车是发挥燃料电池优势的最佳载体

国际上，燃料电池商用车主要采用燃料电池系统作为主动力源，以 Van Hool、Evobus、ElDorado、New Flyer 为代表的欧美燃料电池商用车企业开发的燃料电池客车已在欧洲及美国多地持续开展数十年的示范运营，其可靠性、耐久性已被证实与柴油发动机客车相当。以丰田、现代为代表的日韩燃料电池整车企业也纷纷发布代表世界先进技术水平的燃料电池客车，目前处在小批量示范运营阶段。其中丰田推出的燃料电池客车 Sora 采用金属板电堆，搭载与 Mirai 相同的丰田燃料电池系统（TFCS），搭载 10 个 70MPa 储氢瓶，储氢总容量为 600L，实际工况下一次加氢续驶里程达 200km。此外，Sora 还配置了总容量为 235kW·h 的外部电源系统，最大功率为 9kW，用于紧急情况时的动力输出。现代于 2018 年 2 月在平昌冬奥会期间推出了第三代燃料电池客车。

国际多个燃料电池整车巨头进入燃料电池重、中型货车领域，开发代表世界先进水平的燃料电池货车。丰田推出燃料电池货车 Alpha 的升级版 Project Portal（2.0），续驶里程达 500km；现代开发最新的燃料电池货车，并与瑞士 H2 Energy 公司签订战略协议，将在 2019—2024 年交付 1000 辆；尼古拉汽车公司正开发燃料电池重型货车，并计划在 2018—2021 年进行道路测试；康明斯也于 2019 年 11 月发布首款燃料电池货车，搭载加拿大 Hydrogenics 燃料电池系统，系统功率达 90kW，可扩展至 180kW，货车还搭载 100kW·h 锂蓄电池，综合续驶里程超过 400km。

我国燃料电池商用车主要采用燃料电池-动力蓄电池混合技术的解决方案，近年来随着燃料电池汽车产业的快速发展，我国燃料电池商用车技术发展成果显著（表 2-3）。上汽集团燃料电池商用车量产车型涵盖燃料电池轻型客车（上汽大通 FCV80）及公交客车（上海申沃燃料电池客车）。其中，上汽大通 FCV80 搭载 40kW 燃料电池系统，匹配

14.3kW·h 的磷酸铁锂动力蓄电池；一次加氢综合工况下续驶里程达 490km。上汽大通 FCV80 已在上海、佛山、大连、抚顺及无锡等城市实现超过 390 辆规模的商业化运营，累计运营里程超过 150 万 km。福田汽车已开发出不同规格的燃料电池客车和物流车，其中福田汽车 12m 燃料电池客车搭载亿华通 63kW 燃料电池系统和 8 个 35MPa 氢气瓶，可实现 -20℃ 低温启动，一次加氢时间仅需 5~10min，续驶里程达 650km（40km/h 匀速）。由北京市科委批准立项，北汽福田牵头，将研发适用于 -35℃ 低温环境的耐低温燃料电池客车，以服务 2022 年冬奥会。

表 2-3　国内外燃料电池商用车技术与产业化对比情况

项目	国际技术与产业化情况	我国技术与产业化情况
技术路线	以燃料电池动力系统为主要动力源	燃料电池-动力蓄电池混合技术
系统功率	>100kW	60kW 左右
冷启动温度	-30℃	-20℃
一次加氢续驶里程	>300km	>300km
耐久性、可靠性	平均运营时长已接近 1.4 万 h，平均运营里程超过 12 万 km；单车最高运营时长甚至超过 3.1 万 h（美国能源部对美国正在运营的 19 辆燃料电池客车超过 8 年的实路运营情况评估[①]）	无权威机构进行跟踪评估
量产车型	以 Van Hool、Evobus、ElDorado、New Flyer 为代表的欧美燃料电池商用车企业已开发多款燃料电池商用车；以丰田、现代为代表的日韩燃料电池整车企业也纷纷发布燃料电池商用车规划	以福田汽车、宇通客车、飞驰客车、青年汽车、申龙客车、金旅客车、开沃汽车、上汽大通、金龙客车、中植汽车、东风特汽等为代表的整车企业已实现对燃料电池商用车量产

① US Department of Energy, Fuel Cell Buses in U. S. Transit Fleets: Current Status 2018.

三、燃料电池电堆及系统向着高功率密度、小型化、集成化方向发展

（一）国内外技术发展现况及未来趋势

随着美国、日本、加拿大等国燃料电池汽车技术日趋成熟，燃料电池电堆功率密度、低温冷启动等问题已经基本解决。我国车用燃料电池电堆整体发展程度仍处于起步阶段，技术水平与国际先进水平仍有差距（表2-4）。国内燃料电池系统功率普遍在60kW以内，燃料电池电堆的功率密度不超过2.7kW/L，整车冷启动温度最低为-20℃。但近年来，随着我国燃料电池汽车产业进入了快速发展阶段，我国自主研发的

表2-4 国内外燃料电池电堆技术与产业化对比情况

项目	国际技术与产业化情况	我国技术与产业化情况
系统功率/kW	>100	60左右
功率密度/(kW/L)	3.1（金属板电堆）	2.5（金属板电堆） 2.0（石墨板电堆）
冷启动温度/℃	-30	-20
铂载量/(g/kW)	0.115（美国能源部评估80kW金属板燃料电池电堆）	0.25
耐久性/h	5000（金属板电堆） 2.5万（石墨板电堆）[①]	5000（金属板电堆） 1万（石墨板电堆）
产业化情况	批量化生产	小规模量产，且测试技术、设备能力有限

① 美国能源部可再生能源实验室（NREL）对燃料电池乘用车和商用车多年进行数据跟踪，可再生能源实验室2019年5月的评估报告显示，搭载金属双极板燃料电池的乘用车最高运营时长超过5000h；搭载石墨双极板燃料电池的商用车单车运营寿命最长超过3.1万h（资料来源：Technology Acceleration：Fuel Cell Bus Evaluations）。

燃料电池技术取得了较大的进步，燃料电池向着开发大于80kW的大功率方向发展。亿华通自主开发的第四代燃料电池系统产品采用上海神力国产电堆，功率覆盖40kW、60kW、80kW，具备-30℃低温启动、-40℃低温储存，通过第三方强制检测发动机功率密度超过300W/kg。新源动力经过三代燃料电池系统的研发，现已启动了第四代金属双极板质子交换膜燃料电池研发，单堆功率将突破120kW，将可满足全功率燃料电池的应用需求。

未来燃料电池电堆及系统将向着高功率密度、小型化、集成化方向发展。如丰田燃料电池电堆通过提高质子交换膜和双极板等材料性能、优化电堆重量和体积，分别从2008年的108kg、64L减小到56kg、37L，体积功率密度提高到3.1kW/L。而本田则通过对燃料电池的合理设计及布局、优化系统结构及关键材料制作工艺，实现燃料电池电堆体积减小了20%。本田燃料电池系统体积与本田3.5L V6自然吸气发动机相当（图2-1），可成功布置于前机舱盖下，成为全球首款五座燃料电池乘用车。

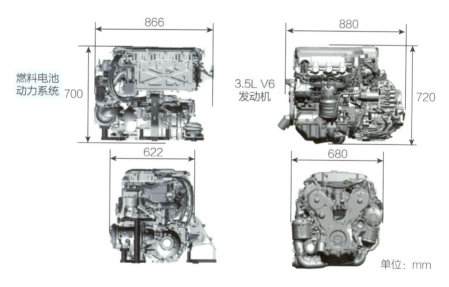

图2-1　本田燃料电池动力系统的小型化设计

（二） 未来成本下降趋势

燃料电池电堆的成本在系统成本占比达65%左右，是燃料电池系统及整车成本优化的关键。随着制造工艺持续创新、材料不断优化及规模化量产效应带来量产成本的降低，根据美国能源部对燃料电池电堆成本的跟踪及预测，在过去10年里，燃料电池系统成本降低近60%（图2-2），未来仍然有较大的成本下降空间，燃料电池电堆未来降本幅度将达85%[一]。

图2-2 燃料电池电堆成本构成占比（按年产1000台80kW燃料电池电堆计算）及随电堆产量提高（1000台）的成本下降曲线

注：数据来源于美国能源部。

四、 提高质子交换膜制造工艺是未来降本的关键和难点

（一） 国内外技术发展现况及未来趋势

国际上已掌握质子交换膜基材及工艺的核心技术，已形成一定的技术和市场垄断，如美国戈尔、美国科慕已占有全球超过90%的质子交

[一] US Department of Energy：Bottom-up Analysis of Model System Manufacturing Cost，High Volume Manufacturing with Next-gen Lab Technology.

换膜市场份额。其中，美国戈尔通过优化膨体聚四氟乙烯（ePTFE）结构，设计出超薄增强型质子交换膜，最薄能达到 7~10μm，功率密度、机械耐久性及水汽扩散自增湿效应优异，目前美国戈尔已建成百万平方米批量化稳定生产线，其产品也已广泛应用于丰田 Mirai、本田 Clarity FCV、现代 Nexo 及上汽荣威 950 等车型，国内如新源动力等电堆企业开发的燃料电池电堆均采用 GORE-SELECT®质子交换膜。

我国质子交换膜技术近年来取得一定的进展，多个科研机构，如中科院大连化学物理研究所、武汉理工大学，都在积极研发质子交换膜技术。山东东岳开发的 DF260 复合膜，膜厚度可达 15μm，在干湿循环和机械稳定性方面，循环次数超过 2 万次，已经通过加拿大 AFCC 公司技术和质量评估认证。山东东岳 DF260 复合膜技术已成熟并实现批量化生产。总体来说，我国质子交换膜多处于实验室阶段或小批量生产阶段，技术与国际领先水平存在一定的差距。

未来质子交换膜技术将趋于薄膜化，由十几微米降低到几微米，降低质子传递的阻力，以达到较高的性能。但薄膜化对质子交换膜的耐久性和机械强度等将造成影响，如何在实现薄膜化、高电化学性能的同时，还能增强质子交换膜机械强度和耐久性，是未来质子交换膜技术发展的重点。

（二）未来成本下降趋势

质子交换膜在电堆的成本占比高达 16%，质子交换膜成本的优化对燃料电池电堆成本影响较大。以 ePTFE 复合膜为例，其成本组成主要包含材料成本（全氟磺酸树脂、ePTFE 基质、添加剂）和制造成本两大方面，但由于目前全氟磺酸树脂膜中全氟物质的合成和磺化制作工艺复杂且周期较长，其制造工艺成本约占质子交换膜总成本的 85%，所以制造工艺提升是显著降低成本、提高膜性能的关键与难点。根据美国能源部基于 ePTFE 质子交换膜成本的评估，随着批量化制造工艺的优化，质子交换膜成本降幅将超过 87%（图 2-3）。

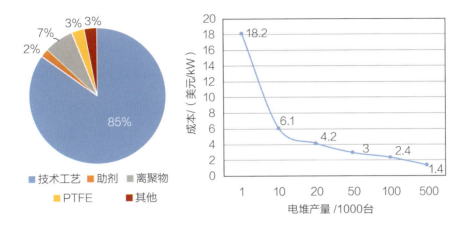

图 2-3 质子交换膜成本构成占比（按年产 1000 台 80kW 燃料电池电堆计算）及随电堆产量（1000 台）提高的成本下降曲线

注：数据来源于美国能源部。

五、国际气体扩散层技术处于垄断地位，国内产品尚处于小规模生产阶段

（一）国内外技术发展现况及未来趋势

全球的碳纸供应市场主要由几个国际大生产商垄断，如日本东丽（Toray）、德国西格里（SGL）、德国科德宝（Freudenberg）等，其中日本东丽目前占据较大的市场份额。国际上气体扩散层的生产工艺已实现卷材生产，且生产工艺稳定，能大批量供应性能稳定的产品。如德国西格里生产的气体扩散层具有很薄的基体层，其微孔层具有优良的气体透过率，受到国际上的较高认可，韩国现代新型 Nexo 汽车采用的气体扩散层就是来自德国西格里的 SIGRACET®气体扩散层。

日本东丽碳纸产品的性能参数见表 2-5。

表2-5 日本东丽碳纸产品的性能参数

性能参数		碳纸产品型号		
		TGP-H-060	TGP-H-090	TGP-H-120
厚度/mm		0.19	0.28	0.36
密度/(g/cm^3)		0.44	0.45	0.45
电阻率/$m\Omega \cdot cm$	纵向	—	80	—
	横向	5.8	5.6	4.7
孔隙率(%)			78	
气体透过率/[$mL \cdot mm/(cm^2 \cdot hr \cdot mmAq)$]		1900	1700	1500
拉伸强度/(N/cm^3)		50	70	90
弯曲强度/MPa		—	39	—

国内产品尚处于小规模生产，气体扩散层的原材料如碳纸等多依赖进口。上海河森公司有小批量碳纸产品；台湾碳能科技公司的碳纸产品价格较低，获得了一定的市场认可；科研机构及高校，如中南大学、武汉理工大学以及北京化工大学等也都在研究，其中中南大学提出了化学气相沉积（CVD）热解炭改性碳纸的新技术，发明了与变形机制高度适应的异型结构碳纸，采用干法成型、CVD、催化炭化和石墨化相结合的连续化生产工艺，其产品的耐久性和稳定性有所提升。

未来碳纸技术将趋于薄膜化，以提高气体扩散能力，减少在高电流密度下的传质问题；在制作工艺上，微孔层对提高碳纸导电性、稳定性及耐久性将发挥重要作用；在生产工艺上，为提高生产效率，碳纸的生产将实现卷材生产。

（二）未来成本下降趋势

碳纸在燃料电池电堆的成本中所占比高达21%，碳纸成本的优化对电堆成本的降低具有重要意义。碳纸的成本构成主要来自原材料（碳纤维纸/布）和制造成本两大部分，由于碳纸在微孔层、石墨化工序中工艺相对复杂，设备投入大，造成制造成本居高不下，碳纸的制造成本约占总成本的83.6%（图2-4），所以优化生产工艺是碳纸降本的关键。未来随着批量化生产及生产工艺的优化，碳纸的降本空间将超过90%。

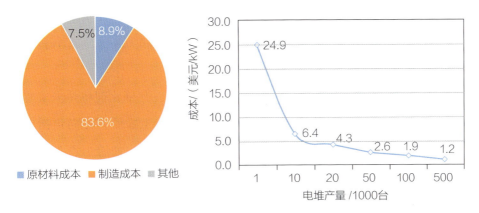

图2-4 气体扩散层成本构成占比（按年产1000台80kW燃料电池电堆计算）及随电堆产量（1000台）提高的成本下降曲线

注：数据来源于美国能源部。

六、Pt/C催化剂技术成熟，国外技术处于领先地位

（一）国内外技术发展现况及未来趋势

国际上，燃料电池催化剂技术已形成批量化生产能力，主流的供应商包括日本田中贵金属（TANAKA）、英国庄信万丰（Johnson Matthey）、比利时优美科（Umicore）和德国巴斯夫（BASF）。其中，日本田中贵金属研发的Pt/C催化剂整体性能优异，已运用在本田Clarity FCV上，其开发的PtCo/C催化剂也开始在燃料电池汽车上试运行。

与国外相比，我国燃料电池催化剂尚处于实验室研制阶段，还未形成有竞争力的产业化产品。近几年，国内部分企业已经开始燃料催化剂的产业化布局，云南贵金属集团已研发出全系列（Pt 质量分数为 30%~70%）Pt/C 催化剂，PtCo/C、PtNi/C 和 PtRu/C 系列新型合金催化剂也已启动研发，未来将实现批量化生产。我国科研机构已开展对催化剂的研究，进展显著。大连化学物理研究所制备的 Pt_3Pd/C 合金催化剂电化学比表面积为 $70.22m^2/g_{Pt}$，此外，该所研制的 PtNi 纳米线合金催化剂质量与面积比活性分别达到 Pt/C 的 2.5 倍和 3.3 倍，超小 PtCu 合金催化剂质量比活性达到 Pt/C 的 3.8 倍。

由于 Pt 金属昂贵、稀有，开发低 Pt 化和无 Pt 化催化剂将是未来燃料电池催化剂的研究趋势。未来低 Pt 化催化剂的主要研究方向包括对 Pt 单原子层、Pt 合金及 Pt 核壳结构等催化剂的研究。如通用汽车公司通过开发 PtNi（$0.75A/mg_{Pt}$）、PtCo（$0.6A/mg_{Pt}$）合金催化剂，大幅提高了氧化还原质量比活性，有效降低了燃料电池的 Pt 载量。美国 3M 公司研发的 PtCoMn 核壳结构催化剂，将 Pt 载量成功降低至 $0.15mg/cm^2$。无 Pt 化催化剂（非贵金属催化剂）主要包括过渡金属原子簇合物、过渡金属螯合物、过渡金属氮化物等。目前无 Pt 化催化剂在催化活性和使用寿命等方面与 Pt 基催化剂还存在较大差距，无 Pt 化催化剂暂处于实验室阶段。

（二）催化剂成本现状及下降路径

由于催化剂的成本 60% 以上来自原材料，尤其是贵金属 Pt 的成本，所以催化剂很难通过规模化量产实现成本降低，只能通过技术革新进一步降低 Pt 用量、开发低 Pt 化甚至无 Pt 催化剂来降低对贵金属的依赖，从而实现催化剂成本的降低。根据美国能源部对燃料电池用 Pt/C 催化剂成本的预测，随着批量化生产的扩大及低 Pt 化甚至无 Pt 化催化剂技术发展，Pt/C 催化剂成本降幅将达 50%（图 2-5）。

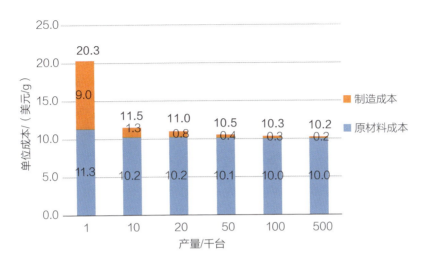

图2-5 Pt/C催化剂成本构成及随燃料电池产量
提高的成本下降趋势

七、开发高性能、低成本的金属双极板是未来双极板的发展趋势

（一）国内外技术发展现况及未来趋势

国外已经形成了成熟的双极板产业链，在制造工艺、质量、成本控制和批量化生产等方面均已形成成熟的产业化体系。燃料电池整车及零部件制造企业，如丰田、本田、现代、Nuvera、GenCell及Dana等，依据其在燃料电池汽车领域所积累的三十余年开发经验，均已着力构建双极板产业链，其匹配开发的双极板已形成了一定的技术垄断。特别是金属双极板，其核心技术如极板设计、精密制造及耐蚀涂层开发等均被视为占领燃料电池技术高地的核心机密，许多关键技术路线被各大企业以知识产权形式进行技术垄断。丰田为推广燃料电池汽车，解密了新型3D流场钛合金双极板技术，采用碳耐腐蚀涂层进行表面处理，有效提升了电堆的功率密度及耐久性。丰田通过培育自己的金属双极板产业链，实现了金属双极板成形、连接及表面改性等多个工艺的集成化制

造,有效降低了生产成本,保证了双极板质量。在石墨双极板领域,国外主要供应企业包括加拿大 Ballard、德国 SGL 等。其中,加拿大 Ballard 开发的柔性石墨双极板代表了国际先进水平,极板厚度小于 1mm,应用在 Ballard 的燃料电池电堆电流密度达 $2.5A/cm^2$,已累积无故障运行超过 2 万 h。

近年来,随着我国燃料电池汽车产业的发展,国内双极板技术与产业化能力已明显提高。国内各研究机构和企业在金属极板表面改性方面经历多年探索与研究,金属双极板涂层技术已实现突破,如上海交通大学联合上海治臻开发了多种具有自主知识产权的石墨基、钛铬基纳米复合涂层,并应用于金属极板(接触电阻和腐蚀电流分别达到 $2.89m\Omega \cdot cm^2$ 和 $0.85\mu A/cm^2$)。此外,我国金属双极板的设计技术也取得较大进展。新源动力开发出无须增湿金属双极板,利用波纹流场结构对板面流体进行合理分配,并通过对波纹周期参数的调节实现不增湿条件下的堆内保水。目前,新源动力采用该金属双极板组装的燃料电池电堆已经完成车用性能验证,无增湿条件下电堆额定输出功率超过 70kW,峰值可达 85kW(图 2-6)。此外,大连化学物理研究所也掌握了金属

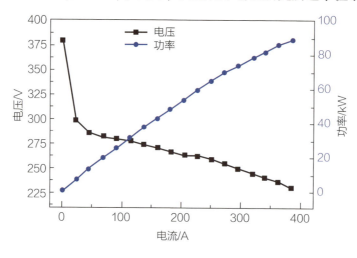

图 2-6 新源动力无增湿条件金属双极板模块性能曲线

双极板设计、表面处理、成形、激光焊接及密封等核心技术，基于金属双极板的燃料电池堆单堆功率达到75kW，体积比功率超过3.5W/L，并实现了-30℃环境下电堆储存与启动。

随着我国燃料电池商用车实现批量化生产与规模化运营，我国石墨双极板已初步实现产业化，如上海弘枫通过引进美国POCO石墨双极板技术，研发了超薄石墨双极板，已应用于燃料电池客车上；广东国鸿引进加拿大Ballard柔性石墨双极板技术，开发了碳基复合双极板，已应用于物流车等领域。

未来创新性的流场设计、高效的制造工艺及严格的成本控制，是双极板制造的趋势。而对金属双极板而言，开发低成本、高耐久性的耐腐蚀性涂层是金属双极板技术需重点突破的关键性瓶颈问题。

（二）未来成本下降趋势

金属双极板的成本构成主要包括原材料成本、制造成本及涂层成本，其中制造成本及涂层成本分别占双极板成本的35.6%和45.4%（图2-7），因此金属双极板制造工艺及涂层技术是未来双极板降本的

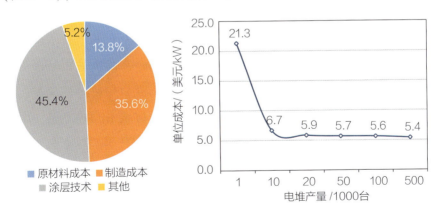

图2-7　金属双极板成本构成占比（按年产1000台80kW燃料电池电堆计算）及随电堆产量（1000台）提高的成本下降曲线

注：数据来源于美国能源部。

关键。随着制造工艺、涂层技术的优化及批量化生产的实现，金属双极板成本的下降空间将超过70%。

八、国外空压机整车配套能力强，国内空压机产业已起步

国外燃料电池汽车配套空压机的研发工作起步较早，整体而言，国外空压机产品在转子、轴承、控制机及高速电机等核心技术方面积累了较多的经验，技术领先；同时，国外空压机企业大多有丰富的与汽车零部件企业匹配的经验，正向开发能力强，能针对整车企业的需求做针对性开发，且产品的均一性较好。目前，螺杆式压缩机已被广泛运用于美国 GM、Plug Power 和加拿大 Ballard 等企业的燃料电池系统，瑞典 OPCON 开发的螺杆式压缩机，压缩比达 3.2，排气流量从 17g/s 到 400g/s，可实现燃料电池汽车在不同工况下的流量调节；美国能源部与 Author D. Little 公司合作开发的第二代涡旋式空压机，可满足 50kW 燃料电池特性需求，最高压缩比达 3.2；美国能源部与美国伊顿公司（Eaton）合作对罗茨式空压机进行改良，重新设计的压缩机压缩比为 2.5，流量可达 92g/s。离心式空压机在效率、NVH[一]、成本等方面总体性能较优，是未来空压机的发展方向。离心式空压机的核心技术被国外公司，如盖瑞特（Garett）、利勃海尔（Liebherr）、博世（Bosch）、韩昂（Hanon）等掌握。韩国韩昂公司开发的离心式空压机已搭载在现代最新燃料电池量产车型 Nexo 上，高速电机转速可达 10 万 r/min，压缩比达 1.9。

国内空压机的研发起步并不晚，但多为科研机构及大学承担的国家"863"和"973"课题，缺乏专业的制造企业参与，产业化进展缓慢。随着近年来我国燃料电池汽车产业迅速发展，国内空压机制造企业开始

[一] NVH 是 Noise、Vibration、Harshness 的缩写，即噪声、振动与声振粗糙度。

投入到空压机及相关产品研发中，如福建雪人股份的螺杆式、罗茨式空压机均可实现小批量生产，佛山广顺电器可实现离心压缩机的小批量生产。但总体来说，由于我国空压机企业与整车企业零部件配套经验不足，正向开发能力较弱，且国内缺乏成熟的供应链如空气轴承、高速电机和控制器等的支撑，空压机关键零部件仍依赖进口。

开发大空气流量、节能高效且能在全工况下快速响应成为未来空压机的开发方向。空压机在能提供燃料电池更大空气流量的同时，需通过更成熟的能量回收技术降低空压机的寄生功耗，实现空压机的高效节能。同时，燃料电池汽车需调节不同工况的动力输出，尤其是未来实现燃料电池全功率方案，将要求空压机具有全工况下快速响应的能力，以配合不同工况下燃料电池对空气流量的需求，从而达到最优的系统工作效率。此外，随着燃料电池系统向小型化、集成化方向发展，要求空压机与供氧系统其他部件须以总成的方式呈现，供氧系统呈现高集成化趋势。

九、高压化、轻量化的Ⅳ型储氢瓶是未来提高车载储氢密度的有效手段

国外储氢系统产业链相对完善，制造技术已趋于成熟。在储氢瓶方面，国外35MPa和70MPa的储氢瓶技术成熟，已形成与整车配套生产能力，并成功应用于燃料电池汽车上，如国外燃料电池乘用车多采用70MPa Ⅳ型储氢瓶，储氢质量分数达5.7%，100MPa的高压储氢容器仍处于研制阶段。国际上氢气瓶生产厂家主要有美国Hexagon Lincoln、德国Hexagon Xperion、韩国ILJIN等，分别为通用、戴姆勒、奥迪及现代等燃料电池整车企业配套Ⅳ型储氢瓶。燃料电池整车企业为了与整车形成配套，也开发Ⅳ型储氢瓶，如丰田旗下零部件企业为丰田燃料电池汽车专门配套开发Ⅳ型储氢瓶。在供氢管路、传感器及加氢口等供氢系统

配套零部件方面，国外的供应商已具备领先技术，与整车企业配套生产能力强。

我国车载储氢系统技术和产业化程度与国外先进技术水平有一定的差距，随着车用氢能产业化的不断发展，我国车载储氢系统开始逐渐由样品试制、小批量生产转向规模化生产，产业配套体系也在逐步构建。在储氢瓶方面，我国已具备了35MPa铝内胆碳纤维全缠绕Ⅲ型高压储氢瓶技术和批量化生产能力，并陆续在国产燃料电池商用车和乘用车上实现搭载。如沈阳斯林达、北京科泰克、北京天海及江苏国富氢能等企业已具备批量生产35MPaⅢ型储氢瓶的能力（表2-6），现已搭载在我国自主研发的燃料电池商用车上，并在多地开展示范运行。此外，70MPaⅢ型储氢瓶也已开启少量试制，例如，2016年沈阳斯林达率先研制出70MPaⅢ型储氢瓶，储氢质量分数可达到3.8wt%，目前进入批量化生产阶段，并在上汽荣威950燃料电池汽车上实现搭载。北京天海与北京科泰克也陆续研制并推出70MPaⅢ型储氢瓶产品。在供氢管路、传感器及加氢口等供氢系统关键零部件方面，我国精密制造技术远低于国外水平，目前主要依赖进口。

表2-6 35MPaⅢ型储氢瓶国内技术情况

生产商	工作压力/MPa	容积/L	储氢质量分数（%）
沈阳斯林达	35	20~140	3.8~4.9
北京科泰克	35	140	4.3
北京天海	35	50~230	4.0~4.9
江苏国富氢能	35	70~140	3.5~4.0

整体来说，我国车载储氢系统产业化程度仍较低，专业的车用氢能储运企业较少，技术不够成熟，装备制造水平还有待提高。此外，由于储氢瓶关键材料如碳纤维复合材料以及关键的精细化零部件（如阀门等）的国产化水平较低，主要依靠进口，导致车载储氢瓶成本较高的问题比较突出。

未来车载高压气态储氢技术将向高压化、轻量化和低成本化方向发展。在高压化方面，将开发70MPa甚至更高压力等级的Ⅲ型储氢瓶和Ⅳ型储氢瓶技术，提高储运氢效率；在轻量化方面，通过优化储氢材质及制作工艺，实现储氢瓶的轻量化设计；在低成本化方面，碳纤维材料在储氢瓶的成本占比最高，未来需要大力提高碳纤维制造技术，发展聚酰亚胺等超级工程塑料的先进制造技术，以实现成本降低。

第三部分

PART THREE

车用氢能产业技术进展评估：经济性是未来规模化发展的重要考量标准

吕 洪[*]

一、氢气制取与纯化技术发展：化石燃料制氢仍占主导地位

（一）化石燃料制氢技术发展的重点是需平衡经济成本和环境因素

1. 煤制氢技术发展现状

氢作为二次能源，需要通过一系列物理化学反应，将存在于天然或合成化合物中的氢元素转化为氢气方可加以利用。近几年来，煤制氢凭借原材料成本低、装置规模大的优势在全球范围内都发展迅速，技术上也日臻成熟，尤其是在富煤贫油少气的我国。随着石油价格上涨，石油加工所需氢气逐步转由煤制氢来供给，这将推动煤制氢规模的进一步扩大。目前，全球仍在运行使用的煤炭气化厂约130座，其中80%以上在我国。

---

[*] 吕洪，同济大学副教授，国家燃料电池汽车及动力系统工程技术研究中心氢能研究室主任，主要研究方向为电解水制氢技术、加氢站设计及集成开发、车用氢能源技术、氢安全、可再生能源发电氢储能系统，以及能源材料的开发与应用。

典型的煤制氢工艺一般包括空分（原料准备）、煤气化、一氧化碳变换、酸性气体脱除、氢气提纯以及公用系统六道主要工序。煤气化工序的变化会导致原材料准备工序的变化，因此在煤制氢工艺中非常重要。目前，世界范围内已经实现产业化应用的煤气化技术有十几种。根据气化炉的操作状态和流体力学状态的不同，煤气化技术可分为固定床气化、流化床气化和气流床气化三类（表3-1）。

煤制氢技术具有成熟可靠、生产成本低的优势，从生产潜力看，也完全可以满足氢能发展需要，但仍存在氢气质量和制氢装置规模问题。在更强调清洁低碳的环境下，能否有效减少碳排放将是决定煤制氢技术发展应用前景的关键因素。因此，碳捕获、利用与封存（Carbon Capture，Utilization and Storage，CCUS）技术的应用会对煤制氢技术产生重要影响。在我国和印度等国家，由于已经建立了煤炭开采基础设施，而且国内也缺乏廉价的天然气，所以短期内配备 CCUS 的煤制氢可能仍将是成本最低的清洁制氢路线。

2. 天然气制氢技术发展现状

天然气目前是全球氢的最大来源，天然气制氢量约占全球氢气总产量的76%，其中90%用于生产合成氨、甲醇和精炼石油产品。蒸气重整的主要设备供应商有 ABB Lumus Global、Atlantic Richfiled、Brown&Root、Exxon、Foster Wheeler、MW Kellogg、Petrobras、Technip 和 Uhde；国外的气体供应商主要有美国空气产品（Air Products）、法国液化空气（Air Liquide）、Haldor Topsoe 以及林德，国内则以神华、中石化和中石油等能源公司为主。

天然气制氢的方法主要有甲烷水蒸气重整（SMR）、甲烷部分氧化（POM）、甲烷自热式重整（ATRM）、甲烷二氧化碳重整（CRM）和间歇式热解制氢等。其中，SMR 经过近80年的工艺改进，已具有良好的

表3-1 典型煤气化工艺制氢情况对比

床型	气化技术		适用煤料	压力/MPa	温度/℃	单炉产气量/(Nm³/h)	合成气组成(%)	CO₂排放量/(kgCO₂/kgH₂)	制氢成本/(元/kg)
固定床	常压间歇气化技术	UGI	无烟块煤	常压	1000~1800	7000~13000	CO: 31~38 H₂: 41~42 CO₂: 2.3~8.2 CH₄: 0.2~0.8 N₂: 2.3~18	22~32	10~18
固定床	连续加压气化技术	鲁奇 Lurgi	褐煤、长焰煤、烟煤、半无烟煤	加压(0.1~4.0)	1000~1800	36000~70000	CO: 22~52 H₂: 31~42 CO₂: 6~35 CH₄: 8~12	18~38	10~15
固定床	连续加压气化技术	BG/L	褐煤、长焰煤、烟煤、半无烟煤	加压(0.1~4.0)	1000~1800	36000~70000			
流化床	常压气化技术	恩德 灰熔聚炉 U-Gas	长焰煤、烟煤	常压	960~980	35000~45000	CO: 30~50 H₂: 30~35 CO₂: 13~23 CH₄: 1~5 N₂: 0.1~0.5		
流化床	加压气化技术	Winkler KBR-TRIG	长焰煤、烟煤	加压(0.1~1.0)	960~980	35000~45000			
气流床	水煤浆加压气化技术	GE Texaco 多喷嘴对置式	褐煤、长焰煤、烟煤	加压(3.0~8.7)	1200~1700	100000~200000	CO: 38~45 H₂: 35~40 CO₂: 18~2 CH₄: 0.1~0.2	26~38	8~12
气流床	粉煤加压气化技术	Shell CCG GSP HT-L 神宁 东方	褐煤、长焰煤、烟煤	加压(3.0~8.7)	1200~1700	100000~200000	CO: 65~70 H₂: 22~25 CO₂: 3~5 CH₄: 微量		

经济效益，而且目前有大量的 SMR 装置在运行，自然也就成为天然气大规模制氢的主导技术。

现阶段天然气制氢技术已较为成熟，但存在能耗高、生产成本高和设备投资大等制约因素。因此，研究开发廉价的天然气制氢新工艺和新技术具有重大意义[一]。随着社会各界对清洁氢能源关注的加深，氢气需求将呈现分布广、小型化的特点，短期内多种制氢技术仍将共同发展，天然气蒸气转化制氢预计还将占主导地位，天然气催化裂解制氢技术也会因燃料电池的兴起而受到更多重视。

3. 化工副产氢提纯技术发展现状

工业副产氢和工业排放含氢气体中氢气的回收利用可大大提高制氢的经济效益，因此工业副产气制氢日益成为一种环保的制氢方案。工业副产气制氢按生产方式可分为焦炉煤气、氯碱工业、炼厂干气、丙烷脱氢（PDH）、甲醇制造和合成氨副产气制氢。在我国，这些制氢装置主要分布在陕西、成都和浙江等化工业发达地区。

为提高氢气的回收率，工业副产气通常采用变压吸附分离技术（PSA）来提纯氢气。PSA 由一系列装有吸附剂的容器和一个阀门系统组成，阀门系统通过吸附、减压、提供吹扫、逆流排污、逆流吹扫、空转和再加压步骤自动切换容器，利用分子有黏附在固体表面的趋势来分离对固体具有不同亲和力的组分，也可以通过改变系统压力来除去组分。变压吸附提氢工艺过程简单，技术成熟。全国目前有数百套装置在运行，例如东华能源的 PDH 尾气 PSA 提氢装置、中石化高桥石化公司 5 万 Nm^3/h 重整氢 PSA 提氢装置、兖矿集团陕西未来能源化工有限公司 2.8 万 Nm^3/h 合成气 PSA 提氢装置、河南首创化工有限公司 3

[一] 张云洁，李金英. 天然气制氢工艺现状及发展 [J]. 广州化工，2012 (07)：41-42.

万 Nm^3/h 焦炉煤气 PSA 提氢装置等。此外，国内的四川天一、山东西亚以及国外的林德、UOP 也都是主要供应商。

（二）水电解制氢技术发展的重点是实现关键设备及材料的技术突破

1. 碱性水电解制氢技术发展现状

碱性水电解制氢以 KOH 或 NaOH 溶液为电解质，以镍作为碱性水电解槽的电极材料。目前，国内外多家企业在从事该类设备的生产（表3-2）。

表3-2 国内外主要碱性水电解制氢设备生产商设备参数

生产商	单堆产氢量/(Nm^3/h)	能耗/(kW·h/Nm^3)	输出压力/MPa	电解液质量分数	调节范围（%）
加拿大 Hydrogenics	10~60	4.17	0~2.5	25% KOH	50~100
法国 McPhy Energy	0.4~1200	4.3~4.6	0~3.0	25% KOH	50~100
美国 Teledyne	2.8~500	5.3	0~1.0	25% KOH	50~100
挪威 Nel	100~970	3.8	—	25% KOH	60~100
苏州竞立	0.5~1000	4.1~4.6	0~3.0	30% KOH	40~100
中船重工718所	0.5~600	4.3~4.6	0~3.0	30% KOH	40~100
天津大陆	0.5~1000	4.4~4.6	0~3.0	30% KOH	40~100

碱性水电解制氢技术有其优势，但要满足大规模工业用氢需求，还需重点开发新型电极，突破环保型隔膜、有机材料极框等关键材料制备技术以及超大产气量碱性制氢设备设计及制造技术，同时还要开发中高压的电解制氢系统。

2. 固体质子交换膜电解水制氢技术发展现状

固体质子交换膜电解水（SPE）制氢技术被认为是最有发展前景的电解水制氢技术之一，它采用 Nafion 固态全氟磺酸膜为电解质，将纯水在电解槽内电解成氢气和氧气。目前，国内外有多家企业研究开发纯水电解制氢设备（表3-3）。

表3-3 国内外 SPE 电解制氢设备生产商设备参数

公司	产氢量 /（Nm³/h）	氢气出口压力/bar[①]	氢气纯度 （%）
挪威 NEL	S 系列 1	0~15	99.9995
	H 系列 2~6	0~30	99.9995
	C 系列 10~30	0~30	99.9998
	M 系列 100~400	0~30	99.9995
法国 AREVA	5~120	15	—
	5~240	25	—
中科院大连化学 物理研究所	0~1	30	99.9995
718 所	0~10	30	99.9995

① 1bar 等于 10^5 Pa。

SPE 制氢技术面临的主要问题是核心材料，如质子交换膜、催化剂的成本居高不下，以及双极板在高电位下的耐腐蚀难题有待进一步解决。上述技术难题使得 SPE 制氢技术的成本相对较高。对我国而言，由于电解纯水制氢设备的核心部件及关键材料的研发水平相较国外先进水平还存在一定差距，特别是质子交换膜等关键材料严重依赖进口，SPE 制氢技术路线的成本一直居高不下，这也在很大程度上限制了电解纯水制氢装置向中高压、大产量的方向发展。

（三）前沿制氢技术发展的重点是适度开展体系化示范应用

1. 光催化分解水制氢技术发展现状

光催化分解水制氢技术主要有非均相光催化制氢（HPC）和光电催化制氢（PEC）两种方式，其反应体系则包括光催化制氢半反应、光催化完全分解水和光电催化分解水。

在国际上，日本的 A. Fujishima 和 K. Honda 发表在 *Nature* 上的成果首次揭示了太阳能光催化分解水制氢的可能性。在国内，西安交通大学、上海交通大学、中科院兰州化学物理研究所、中科院大连化学物理研究所等单位陆续启动了太阳能光催化分解水的研究工作，有力地推动了我国在该领域的研究工作，并陆续取得了一系列重要进展。其中，西安交通大学 2007 年在国际上首次设计并搭建了基于复合抛物面聚光器（CPC）的太阳能聚光与光催化反应耦合制氢系统，实现了直接太阳能连续稳定产氢（图 3-1）。

图 3-1 西安交通大学搭建的大型直接太阳能光催化分解水制氢示范系统

2. 超临界水气化制氢技术发展现状

超临界水气化制氢是在温度、压力高于水的临界值（374℃、22.1MPa）的条件下，以超临界水作为反应介质，利用超临界水高溶解性、高活性等特殊性质进行热解、氧化、还原等一系列复杂的热化学反应，将生物质转化为氢气。该技术气化率高、气化速度快、氢气产量高，而且原材料不需要干燥。目前，在国际上，美国夏威夷大学、太平洋国家实验室、GA 公司、奥本（Auburn）大学，日本京都大学、广岛大学，德国卡尔斯鲁厄研究中心，英国利兹（Leeds）大学，荷兰特文特（Twente）大学等多家研究机构都在从事生物质制氢的理论与技术的研究，目标是逐步实现产业化应用。在国内，西安交通大学率先研制成功湿生物质处理量为 1t/h 的直接太阳能聚焦供热的生物质超临界水气化制氢示范系统，该系统包含太阳能熔盐吸热、蓄热与连续供热制氢的反应系统，系统设计温度和压力可达到 800℃ 和 35MPa（图 3-2）。

图 3-2　西安交通大学太阳能聚焦供热的生物质超临界水气化制氢示范装置

（四）总结：短期内化石燃料制氢具有成本优势，未来根据资源禀赋的不同将发展不同的制氢技术

从成本来看，短期内化石燃料制氢的成本优势仍会在大多数地区继续存在。除煤制氢外，燃料成本是制氢成本中最大的单一组成部分。电解生产成本也可能对资本支出要求敏感，特别是在工厂低负荷运行时。

据此，根据当前国内的燃料价格和电费情况，各主要制氢方式的成本有所不同（表3-4）。

表3-4 主要制氢方式比较

制氢工艺	煤制氢	天然气制氢	电解水制氢
适用规模/（m³/h）	10000~20000	>5000	2~1000
制氢成本/（元/Nm³）	0.6~1.2	0.8~1.5	2.5~3.5
运行参数	反应压力≈0.7MPa	反应压力>1.5MPa	电解槽工作压力可达4.0MPa 出槽气体温度≈90℃
技术指标	纯度≥99% 副产物为CO_2	纯度39%~59%，可回收CO_2、CO和CH_4，氢气回收率达70%	最大产量1000m³/h 最高纯度99.9% 可回收O_2
每标方主要消耗	煤：7.3kg 电：0.355kW/h	原料天然气：0.48m³ 燃料天然气：0.12m³ 锅炉供水：1.7kg 供电：0.2kW/h	脱盐水0.82kg 电：4.5kW/h
技术环保安全	工艺流程时间长，制造环境差，容易污染环境	排放少量锅炉污水 排放CO_2和水蒸气 排放少量废催化剂	流程简易，工作稳定，全自动操作

未来一段时间，氢成本将在很大程度上受到电力和天然气成本的影响。这种影响在观察特定国家时会变得明显。在天然气依赖进口并且可再生能源发展良好的国家，用可再生能源生产氢气可能比用天然气更便宜；而在国内天然气资源和CO_2储存能力较低的地区，用配备CCUS的煤制氢可能是更经济的选择。

二、氢气输运技术发展：运输场景是决定输运选择的关键

（一）高压气态输氢技术适合近距离、小体量运输场景

高压气态氢一般采用钢瓶、集装格及管束车运送。目前，国内外的加氢站大都采用管束车运输氢气。

2008年，Spencer Composites公司首先成功研制出玻璃纤维全缠绕结构的低成本、大容量高压储氢容器。随后，美国Hexagon Lincoln公司又研制出公称压力达25~54MPa的纤维全缠绕高压氢气瓶，并将其运用于管束车，单车运输氢气量达560~720kg。国内目前主要是由石家庄安瑞科气体机械有限公司生产的20MPa大容积钢质无缝气瓶用于管束车。

（二）液态输氢技术适合远距离、大体量运输场景

在没有管道的情况下，如果需要大量运输氢气，可以利用氢气液化装置把氢气冷却至-253℃以下，使其液化后储存在专用的低温绝热液氢罐中利用槽罐车以液态形式输运。虽然液态输氢可大大减少储运体积和运输重量，但是由于液化过程需要使用液氮预冷，并经过一系列的压缩、膨胀步骤，所示能耗较高，同时在储运过程中有一定量的蒸发损失。而且，氢气液化装置一次性投资较大，液化成本高，因此液氢储运通常适用于运输距离较远、运输量较大的场景。

液氢罐（槽）是液氢输送中的关键设备，常使用水平放置的专用圆筒形低温绝热槽罐。汽车用液氢储罐存储液氢的容量可以达到100m^3，铁路用特殊大容量的槽车甚至可一次运输120~200m^3液氢。在国际上，俄罗斯的液氢储罐容量跨度很大，在25~1437m^3范围内。在我国，液氢主要用于军工，民用领域尚属空白。2005年，航天晨光为

国家"50工程"自主研制了容量达100m³的液氢储罐；2011年，又为航天技术研究所研制了当时国内容积最大、技术要求最高的容量达到170m³的液氢储罐。2015年，中集安瑞科旗下圣达因实现了火箭发射场用300m³大型液氢罐的自主设计和小批量生产，该液氢罐采用的工艺、技术水准都远远领先国内平均水平，在亚洲还是首例，打破了发达国家在液氢储存领域的垄断。

（三）管道输氢技术：适合长距离、大规模、长期稳定的运输场景

对于长距离、大规模（>10万kg/天）、时长稳定（15~30年）的氢气需求，一般考虑使用管道输氢方式。目前，国际上的输氢管道一般采用无缝钢管，运行压力为1.0~4.0MPa，直径为250~500mm。世界上最早的长距离氢气输送管道于1938年在德国鲁尔建成，总长达208km，管道直径为0.15~0.30m。目前在美国、加拿大及欧洲等国的多个工业地区都建成了输氢管道，直径约0.25~0.3m，压力为1~3MPa，流量为310~8900kg/h，这些输氢管道的总长度已经超过10000mile。欧洲输氢管道的主要建设公司包括法国液化空气、美国空气产品和林德；美国输氢管道的建设主体更为多元，除上述三家外，还有普莱克斯、Equistar等众多公司。

未来随着氢气在能源领域的广泛应用及规模化生产，输氢管网建设将会是大势所趋。近几年来，我国也正积极加紧管道输氢技术的研发和建设。预计到2030年，将建成3000km以上的输氢管道；到2050年，将形成安全可靠的长距离高压输氢管道网络。

（四）液体有机氢载体输氢技术实际应用仍需解决一系列技术瓶颈

液体有机氢载体输氢技术（LOHC）以某些不饱和芳香烃、烯炔烃

等作为储氢载体，通过催化加氢，将氢结合到有机分子上并形成稳定的液体有机氢化物，从而完成氢的储存和运输，需要时再通过催化脱氢将氢从有机分子上释放出来。液体有机储氢材料储放氢可分为加氢、运输和脱氢三个过程。这种输氢方式安全性高，储运方便，可采用与石油产品相类似的运输方式输送到用户端。脱氢后的储氢载体可再回流到储罐中，在加氢站中与新的液体有机氢化物置换。

近年来，为解决反应温度偏高、反应速度偏慢及氢气纯度偏低等技术瓶颈，我国一直积极开展液体储氢技术的探索研究，也取得了一些突破。比如，中国地质大学程寒松教授开发出以新型稠杂环有机分子作为储氢介质的液体储氢材料和相应的加氢、脱氢催化剂，使得液体储氢材料的质量分数和体积分数都有了明显提升。

（五）镁基固态储氢技术适合大规模、中长距离、常温常压稳定储运氢场景

金属氢化物储氢是利用过渡金属或合金与氢反应，以金属氢化物形式吸附氢，然后加热氢化物释放氢。金属及金属合金氢化物储氢材料是伴随着氢能发展和低碳环保于最近三四十年发展起来的新型功能材料。金属氢化物储氢质量分数大，在氢含量上可与液氢相比拟，以此实现氢气的致密存储，不仅具有安全便携、环境友好、储氢能耗低等优点，还能将氢气有效纯化和压缩，是目前研究广泛、具有应用前景的一类储氢材料。

镁基储氢材料是储氢合金中的重要组成部分，其作为储氢材料具有以下优点：镁密度小，质量轻，运输成本低；理论储氢量大，储氢质量分数达到7.6%，是商业化固体储氢材料中容量最大的；我国镁产量占世界总产量的80%以上，资源丰富；镁基固态储氢可以实现氢气的常温常压输运，安全系数高；另外，具有纯化功能，初步纯化后的工业氢

气经镁基固态储氢材料吸放氢反应后，释放出的氢气纯度可以达到99.9999%。我国上海交通大学早在1987年就开展了镁基固态储氢技术的研究，由丁文江院士组建了镁基固态储氢技术研发团队。2015年，镁基固态储氢材料已实现规模化生产，年产量可达20~50t，预计2019年新型镁基储氢材料将正式运用于工业储氢产品。

（六）总结：开发经济性强的输氢方式对于推动氢能的产业化发展意义重大

氢输运是氢能利用的重要环节，输氢成本也是影响氢气价格的关键因素之一。不同的氢载体和输运方式具有非常不同的转化、传输、配送、储存和再转化成本，因此，开发经济性强的输氢方式对于推动氢能的产业化发展意义重大。

在评价氢气输运技术时，运距是一个重要考量因素。在500km以内的运距范围，单就氢气输运成本而言，高压气氢运输成本最高，液氢输运成本居中，管道输氢成本最低。但若考虑总成本（包含氢转换、配送以及氢复原的成本），300km远距左右是高压气氢、液氢和镁基固态储氢三种方式的平衡点，低于300km时，相比其他几种输氧方式，高压气氢总成本会更低。在500km以内，按照输送总成本比较，管道输氢仍是最有效的输氢方式，液体有机物载体储氢技术目前阶段因其加氢和氢复原的反应成本，其总成本仍旧很高。图3-3和图3-4所示分别展示了短距离运输中不同输氢方式的配送成本和总成本随运输距离的变化情况，其中总成本包含氢转换、配送以及氢复原的成本[一]。

[一] IEA. The Future of Hydrogen [EB/OL]. (2019-06) https://www.iea.org/hydrogen2019.

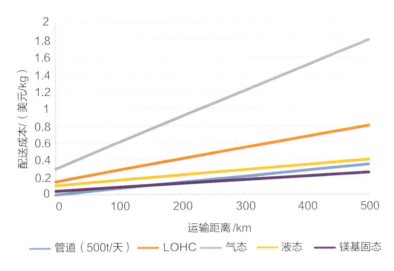

图3-3 不同输氢方式的配送成本

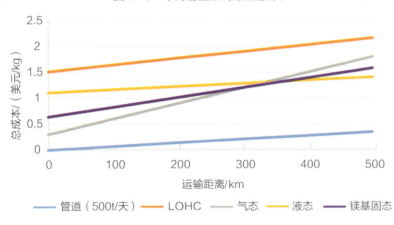

图3-4 短距离运输时不同输氢方式的总成本

三、加氢基础设施技术发展：我国与全球领先水平差距明显

氢气压缩机、高压储氢罐和加氢机是加氢站系统的三大核心装备。加氢站通过外部供氢或站内制氢获得氢气后，经过调压干燥系统处理后转化为压力稳定的干燥气体，随后在氢气压缩机的输送下进入高压储氢

罐储存，最后通过加氢机为燃料电池汽车进行加注。

（一）氢气压缩机设备技术发展关键点是要突破输出压力和气体密封性能

加氢站用氢气压缩机为高纯无油氢气压缩机，属于将氢气压缩注入储气系统的核心装置，其中输出压力和气体封闭性能是最重要的性能指标。从全球范围来看，各种类型的压缩机都有使用。高纯无油氢气压缩机主要分为隔膜式压缩机和高纯无油增压压缩机。

1. 隔膜式压缩机技术发展现状

隔膜式压缩机是一种特殊结构的容积式压缩机，气缸内有一组膜片，缸盖和膜片之间所包含的空间构成气体压缩室，膜片的另一侧为油压室。

国内外生产中低压隔膜式压缩机的厂家很多，但是能提供压力达45MPa以上的厂家并不是很多。表3-5列出了加氢站用隔膜式氢气压缩机的国内外相关企业。

目前，隔膜式氢气压缩机在国内外的加氢示范站已被大量使用。在国外，主要以排气量20kg/h以下的机型居多。而国内，加氢站所用的以排气压力45MPa、排气量41.6kg/h的机型为主，且主要为国内自主开发的隔膜压缩机。国内针对70MPa加氢站用的氢气隔膜压缩机，只有北京天高和同济大学联合开发的"863"计划科研项目成果90MPa氢气隔膜压缩机样机，并在大连同新加氢站进行了示范运行。尽管样机技术指标达到70MPa加氢站的运行要求，但其可靠性距离商业化应用尚有距离。

表3-5 加氢站用隔膜式氢气压缩机的国内外相关企业

国家	品牌	制造厂家	备注
中国	天高	北京天高隔膜压缩机有限公司	为国内首个国产加氢站（北京绿能公司）提供隔膜压缩机，在国内已提供了7个加氢站的隔膜压缩机，且连续运行时间最长，是国内唯一具备90MPa氢气隔膜压缩机开发经验的企业
中国	恒久	江苏恒久机械股份有限公司	排气压力有20~45MPa
中国	中鼎恒盛	北京中鼎恒盛气体设备有限公司	排气压力有45MPa和70MPa两种，45MPa氢气隔膜压缩机单机最大流量达2000Nm³/h
中国	京城	北京京城压缩机有限公司	与美国PDC签署了氢压缩机合作协议
英国	Howden	Howden Burton Corblin	主要为双螺杆工艺压缩机和单级离心鼓风机以及金属隔膜压缩机和活塞压缩机
美国	PDC	PDC Machines Inc.	具有三层金属隔膜结构的氢气压缩机制造技术，输出压力上限超过85MPa，加氢站用压缩机市场占有率高
德国	HOFER	Andreas Hofer Hochdrucktechnik GmbH	单机最高排气压力为300MPa
美国	PPI	Pressure Product Industries	单机最大排气流量680Nm³/h，最高排气压力为200MPa

此外，目前国内外加氢站所装备的隔膜式压缩机普遍缺乏大规模、高密度、频繁加氢的应用实践，而国内快速增加的高密度加氢需求，为国内外的隔膜式氢气压缩机的可靠性验证提供了非常好的机会。

2. 高纯无油增压氢气压缩机技术发展现状

高纯无油增压氢气压缩机，也称液压驱动无油氢气往复活塞压缩机，标准设计产品的最高排气压力可达100MPa。目前，此类型压缩机在撬装加氢站内用得比较多，主要是为排气压力45MPa、排气量41.6~

66.6kg/h（进气压力12.5MPa，进气量500kg/12h）的机型，或者排气压力87.5MPa、排气量41.6～66.6kg/h（进气压力28MPa，进气量500kg/12h）的机型。表3-6列出了加氢站用高纯无油增压氢气压缩机的相关企业。

表3-6 加氢站用高纯无油增压氢气压缩机的相关企业

国家	品牌	制造厂家
德国	MAXIMATOR	MAXIMATOR GmbH
德国	HOFER	Andreas Hofer Hochdrucktechnik GmbH
意大利	Idro Meccanica	Idro Meccanica srl
美国	HP	HYDRO - PAC, Inc.
美国	HASKEL	HASKEL International
荷兰	RESATO	RESATO International B.V.

（二）氢气储存设备技术发展的关键是基础材料和加工精度

1. 高压气态储氢技术发展现状

在加氢站内配备高压大容量的固定式储气装置，可在短时间内给车辆加满氢气。加氢站内的储氢罐通常采用低压（20～30 MPa）、中压（30～50 MPa）及高压（50～90MPa）三级压力进行储存，此外，氢气管束车也可以作为一级储气（10～20MPa）设施，从而形成多级储氢①。国内加氢站高压储氢容器主要有以下三种。

一是39MPa大容积钢制无缝储氢罐。该储氢罐的罐体材质为4130X，单只气罐公称容积达到0.895m³。该储氢罐是石家庄安瑞科气体机械有限公司与同济大学在"十一五"863项目中合作研制的大容积

---

① 清洁技术，加氢站核心设备介绍 [EB/OL].（2019 - 07 - 01）https://mp.weixin.qq.com/s/NtavzzⅡ4kwH 6wbhwMITA。

站用45MPa钢制储氢瓶的基础上，开发出的符合标准法规要求的加氢站用高压储氢容器。

二是87.5MPa碳纤维全缠绕钢质内胆储氢容器。该储氢罐的水容积达580L，是石家庄安瑞科气体机械有限公司和同济大学依托"十二五"863项目联合开发的成果。这项成果实现了70MPa加氢站用储氢容器的低成本和轻量化制造，填补了碳纤维缠绕钢质储氢容器技术领域的空白，但目前由于相关标准缺失，暂时还无法在加氢站应用。

三是大容积全多层钢制高压储氢容器。该储氢容器是浙江大学设计的，压力为50MPa和98MPa，容积为1~20m^3，使用寿命可达15年。该容器整体由钢带错绕筒体、双层半球形封头、加强箍及接口座等组成，其独特的全多层技术解决了高压氢脆问题，先进的设计和传感技术提高了安全性，薄钢板和钢带错绕技术则降低了制造成本。该容器符合GB/T 26466—2011《固定式高压储氢用钢带错绕式容器》、GB/T 150，GB/T 34583—2017《加氢站用储氢装置安全技术要求》、GB 50516及ASME BPVC Code Case 2229、ASME BPVC Code Case 2269标准要求。表3-7列出了浙江大学设计的大容积全多层钢制高压储氢容器的相关参数。

表3-7 大容积全多层钢制高压储氢容器的相关参数

规格	设计压力/MPa	容积/m^3	内直径/mm	总长度/m	有效储氢质量/kg
1	98	1.0	500	5.9	50
2	50	5.0	1200	5.5	114
3	50	7.3	1500	5.3	210
4	50	10.0	1500	6.8	288
5	50	13.0	1500	8.5	375
6	50	15.0	1500	9.6	432
7	50	20.0	1500	12.2	576

2. 液氢储存技术发展现状

氢的液化设备主要包括氦透平膨胀机、低漏率换热器、氦螺杆压缩机、低温阀门及正仲氢催化转化器等核心部件，而液氢的储运过程则对液氢泵、液氢储罐及液氢槽车等设备提出了很高要求。法国液化空气、日本川崎重工、德国林德和美国空气产品在氢气液化装置器和液氢储运方面具有非常丰富的经验，我国液氢目前只能用于军工领域，在民用领域尚属空白，国内有氢气液化器制造和液氢储运经验的单位包括北京航天试验技术研究所和中科海富。

氦制冷氢液化器的核心部件是透平膨胀机，它决定了氦制冷氢液化器的液化能力、能耗和稳定性。它需要在 50K 以下的温度下达到 10 万 r/min 以上的转速，持续承受 20bar 高压高速气流的冲击，同时达到 65% 以上的绝热效率，这对加工精度有着极高要求，往往需要使用五轴精密数控机床加工。中科海富研发推出了首台全国产化氦制冷氢液化器，该系统的氢液化能力达到 1000L/h，可连续运行 8000h。

在液氢泵方面，国外以林德公司为代表，已成功研制了高压液氢活塞泵，其主要技术特点是小型化，可以装进 20ft（1ft = 0.3048m）集装箱；单级压缩；最大加注能力达到 120kg/h；最小输入压力达到 2bar，最大输出压力达到 900bar；噪声低于 74dB（A）；出口状态为液体。

液氢贮箱作为一种低温液体贮箱，容器必须要求绝热，以减少漏热导致的蒸发损失，性能优异的 100m^3 的液氢贮箱的日蒸发率约为 0.5%。美国 Gardner Cryogenics 是全球最大的液氢液氦装备供应商，中集安瑞科则在 2015 年实现 300m^3 大型液氢罐的自主设计和小批量生产，打破了发达国家在液氢储存领域的垄断。

3. 加氢机设备技术：关键是不超温和不超压的双重安全要求

加氢机是燃料电池汽车加注氢燃料的核心设备。加氢机上配备有加氢枪、压力传感器、温度传感器、计量装置、加注控制装置、安全装置及软管等。加氢机目前主要有35MPa与70MPa两种。德国林德、美国空气化工公司、日本岩谷和龙野等企业生产的加氢机安全性与可靠性均较高,并已实现量产。

为保障氢气加注过程的安全,国际标准ISO/TS 15869和美国汽车工程学会标准SAE J2601—2016均对车载高压储氢系统(CHSS)定义了不超温与不超压的双重安全加注边界要求。SAE J2601轻型燃料电池汽车的氢气加注协议是当前全球通用的氢气加注协议,目前市场上出售的70MPa加氢机都满足SAE J2601—2016加注协议的标准。

我国加氢机研发始于"十一五"期间的863项目。同济大学率先开发出国内首套35MPa加氢机,并在上海世博加氢站实现应用。在经历长时间的验证后,上海舜华新能源系统有限公司的第二代35MPa加氢机的可靠性大幅提高,基本满足了商业化加氢要求。目前,随着加氢站市场份额的增加,国家能源集团、厚普股份、富瑞氢能和河南豫氢装备等大量企业都具备了35MPa加氢机的生产能力,共同提升了加氢机的技术水平并降低了价格。但目前,各企业主要在做系统集成,加氢机内的关键零部件,如流量计、气动阀和加氢枪等全部依赖进口,这也导致加氢机成品价格在短时间内难以大幅下降。

对于70MPa加氢机,国内尚处于研发阶段。"十二五"期间,同济大学牵头联合上海舜华新能源系统有限公司成功研制出符合SAE J2601—2016加注协议的70MPa加氢系统,以及基于红外通信的加氢机与燃料电池汽车之间的实时通信系统,其最大加注速率超过1.8kg/min(图3-5)。同时,开发出的高压氢气快速加注预冷系统通过预冷系统

图3-5 70MPa加氢机及红外通信系统

的氢气可达-40℃，加注氢气最高温度控制在60℃，有效解决了氢气加注过程中气瓶的温升问题，实现了我国70MPa加氢机样机的自主开发。

4. 全球及我国加氢站发展现状

根据www.h2stations.org发布的第十一次全球加氢站年度评估报告显示[一]，截至2019年9月，全球共有395座加氢站，其中有200座以上具备70MPa加氢能力，273座为公共加氢站，其余加氢站则是为封闭用户群供应给公共汽车或车队车辆。

截至2019年11月，我国共建成（包括运营、调试中）45座加氢站（不包括已拆除的北京绿能竞立加氢站、上海世博加氢站、深圳大运会加氢站和广州亚运会加氢站），中国加氢站情况见表3-8。

表3-8 中国加氢站情况

序号	所在地	加氢站名称	建成时间/年	加注压力/MPa	供给能力/(kg/天)
1	北京	永丰加氢站	2006	35	200
2	张家口	张家口加氢站	2018	35	1500
3	大连	同济—新源加氢站	2016	35/70	400
4	抚顺	沐海氢能兴京一号站	2018	35	500
5	上海	安亭加氢站	2007	35	400
6	上海	江桥撬装加氢站	2018	35	750
7	上海	电驱动撬装加氢站	2018	35	—
8	上海	上汽撬装加氢站	2017	35/70	—
9	上海	神力加氢站	2018	35	—
10	上海	驿蓝舜工加氢站	2019	35/70	1920
11	上海	西上海油氢合建站	2019	35	1000
12	上海	安智路油氢合建站	2019	35	1000

[一] Wasserstoff und Brennstoffzellen：Auch 2018 wieder der höchste Zubau an Wasserstofftankstellen in Deutschland weltweit [EB/OL]. (2019-2-14) https://www.tuev-sued.de/anlagen-bau-industrietechnik/aktuelles/deutschland-hatte-auch-2018-wieder-den-hoechsten-zubau-an-wasserstofftankstellen-weltweit.

车用氢能产业技术进展评估：经济性是未来规模化发展的重要考量标准

（续）

序号	所在地	加氢站名称	建成时间/年	加注压力/MPa	供给能力/(kg/天)
13	如皋	百应加氢站	2018	35	80
14	如皋	神华如皋加氢站	2019	35/70	1000
15	常熟	丰田TMEC加氢站	2017	70	—
16	张家港	东华能源加氢站	2018	35	500
17	盐城	创咏加氢站	2019	35	1000
18	六安	明天氢能加氢站	2019	35	400
19	聊城	中通客车加氢站	2018	35	200
20	潍坊	潍柴加氢站	2019	35/70	1000
21	德州	鲍庄村撬装站	2019	35	500
22	邹城	兖矿新能源研发示范基地撬装站	2019	35	500
23	章丘	重汽豪沃加氢站	2019	35	500
24	郑州	宇通加氢站	2015	35	1000
25	十堰	东风特汽撬装加氢站	2018	35	500
26	襄阳	襄阳检测中心撬装站	2018	35	80
27	武汉	雄众加氢站	2018	35	1000
28	武汉	中极加氢站	2018	35	300
29	云浮	思劳加氢站	2016	35	400
30	云浮	罗定1#加氢站	2018	35	500
31	佛山	三水撬装式加氢站	2016	35	100
32	佛山	瑞晖（丹灶）加氢站	2017	35	350
33	佛山	国能联盛塱沙加氢站	2019	35	500
34	佛山	国能联盛更合镇加氢站	2019	35	500
35	佛山	佛罗路加氢站	2018	35	500
36	佛山	中国石化佛山樟坑油氢合建站	2019	35	500
37	佛山	瀚蓝松岗禅炭路加氢站	2019	35	1000
38	佛山	瀚蓝狮力桃园加氢站	2019	35	1000
39	广州	新南加氢站	2019	35	1000
40	广州	东晖加氢站	2019	35	500
41	大同	氢雄加氢站	2019	35	500
42	成都	郫都区加氢站	2018	35	400
43	乌海	乌海化工加氢站	2019	35	300
44	新乡	豫氢科研示范撬装站	2019	35	50
45	乌鲁木齐	乌鲁木齐集约式加氢站	2019	35	500

从表 3-8 可见，2016—2019 年，我国加氢站数量快速增长，整体上加氢压力仍以 35MPa 为主，在建成的 45 座加氢站中仅有 6 座具备 70MPa 加氢能力。与此同时，加氢站单体加注能力规模不断提升，日供氢 1000kg 以上规模的加氢站占比显著提高。其中，在加氢站关键装备自主研发、氢气供应多样化和油氢多能源供应模式等方面具有标志性意义的加氢站包括同济-新源加氢站、上海驿蓝金山加氢站和中石化佛山樟坑油氢合建站。

大连同济-新源加氢站（图 3-6）是我国第一座风光互补发电耦合制氢的 70MPa 加氢站，是同济大学牵头承担的"十二五"863 计划科技成果的集中体现。该加氢站集成了风光互补发电耦合电解制氢系统、90MPa 隔膜式氢气压缩机、87.5MPa 钢质碳纤维缠绕大容积储氢容器及

图 3-6　大连同济-新源加氢站

70MPa加氢机系统等关键装备，意味着我国已经具备70MPa加氢站的设计、集成和关键装备技术的自主开发能力，为建立具有国际竞争力的氢基础设施相关产业奠定了坚实基础。

上海驿蓝金山加氢站（图3-7）的氢源来自上海化工区的副产氢，是国内首个通过管道输送供氢的加氢站。其日氢气供应能力为1920kg，具有35MPa和70MPa两种加注压力，也能够为管束车加氢。

图3-7　上海驿蓝金山加氢站

中石化佛山樟坑油氢合建站（图3-8），是我国首座集油、氢、电能源供给及连锁便利服务于一体的多能源补给供应站，该站日加氢能力达到500kg，填补了国内油氢合建站的空白。

图3-8　中石化佛山樟坑油氢合建站

第四部分

PART FOUR

世界氢经济发展综述：国家战略加紧布局，氢能示范积极推进

氢能作为清洁的二次能源，在应对气候变化等方面具有重要意义。随着氢能应用技术发展逐渐成熟，以及全球应对气候变化压力的持续增大，氢能产业的发展在世界各国备受关注。当下世界各国纷纷调整能源发展结构，将氢能作为未来能源战略的重要组成部分。截至2018年，全球燃料电池汽车累计销量已超过1.2万辆。与此同时，全球氢能供应基础设施建设步伐逐步加快，已经建成运营395座加氢站。自2000年以来，全球约有230个氢气生产项目投入运营。

许多国家和地区都提出了雄心勃勃的低碳能源目标，例如澳大利亚南澳大利亚州到2025年、日本福岛县到2040年、瑞典到2040年、美国加州到2045年、丹麦到2050年计划达到100%的低碳化发电；欧盟计划到2050年将排放量相较于1990年减少80%~95%，这意味着将实现近乎完全脱碳的发电以及对可再生能源的高水平利用。当下，正是利用氢气的潜力，让其在清洁、安全和经济的能源未来中发挥关键作用的时刻。

人们越来越关注氢气在清洁能源系统中的广泛使用，其潜在来源包括可再生能源制取、生物质和核能制取等，如果与碳捕获、利用与封存相结合，也可实现化石燃料的低碳生产及使用。为了促进氢能经济的发展，协调全球氢能的开发与利用，国际能源署于大阪G20峰会

世界氢经济发展综述：国家战略加紧布局，氢能示范积极推进

上针对氢能经济发展提出了**四个机遇**、**四大挑战**和**七项建议**[一]，以推动氢能产业发展步伐，帮助政府、企业等相关机构抓住机遇，实现氢能的潜力。

四个机遇：

1）使工业地区成为大力使用清洁氢的中心。

2）充分利用现有基础设施布局氢能输运等，如数百万公里的天然气管道。

3）通过车队、货运和氢走廊建设扩大氢气使用范围。

4）启动氢能供应全球化的第一条国际船运航线。

四大挑战：

1）氢的经济性差，低碳能源制氢成本高昂。

2）相关基础设施发展缓慢，阻碍氢能的推广使用。

3）氢气来源不清洁，当下主要依赖天然气和煤炭。

4）标准体系缺失，标准、法规限制了氢产业的发展。

七项建议：

1）在长期能源战略中确立氢能定义。

2）推动对清洁氢能的商业需求。

3）降低先行者的投资风险。

4）加大研发力度来降低成本。

5）消除不必要的监管障碍并协调标准、法规的建设。

6）参与并跟踪国际氢能产业进展。

7）关注未来十年氢能进一步发展的四个关键机会。

㈠ The Future of Hydrogen Seizing Today's Opportunities Report Prepared by the IEA for the G20, Japan.

一、日本：氢能发展积极推动者，致力建设"氢能社会"

（一）制定氢能战略，合理规划发展

日本作为全球积极的氢能源发展推动者，早在 2014 年，日本资源能源厅就发布了《氢能与燃料电池战略路线图》（图 4-1），为氢能发展制定了"三步走"计划；到 2017 年 12 月，基于国家安全和碳减排目标，日本政府发布了"氢能基本战略"，进一步提出了日本未来氢能应用战略步骤和目标。该战略也阐明了日本大力发展氢能的原因，归结起来主要有能源安全、环境保护、节约能源以及促进相关产业发展[一]。

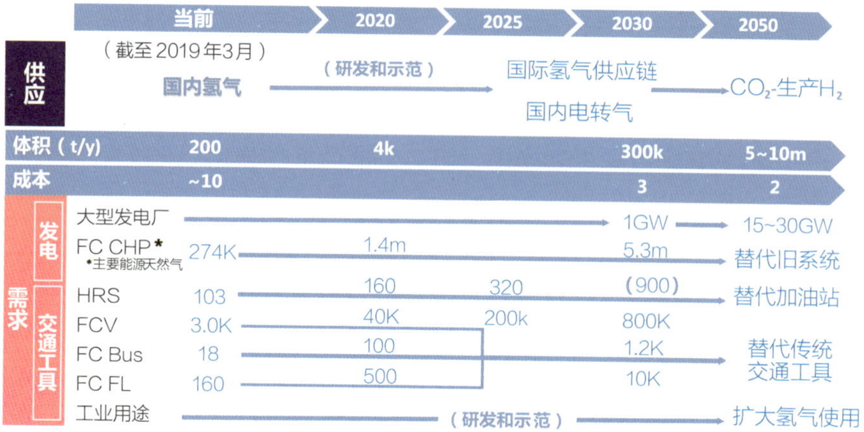

		当前 （截至2019年3月）	2020	2025	2030	2050
供应		国内氢气	（研发和示范）	国际氢气供应链 国内电转气		CO_2-生产H_2
	体积（t/y）	200	4k		300k	5~10m
	成本	~10			3	2
需求	发电	大型发电厂			1GW	15~30GW
		FC CHP* *主要能源天然气	274K	1.4m	5.3m	替代旧系统
	交通工具	HRS	103	160　320	(900)	替代加油站
		FCV	3.0K	40K　200k	800K	替代传统 交通工具
		FC Bus	18	100	1.2K	
		FC FL	160	500	10K	
		工业用途		（研发和示范）		扩大氢气使用

图 4-1　日本氢能与燃料电池战略路线图

在燃料电池汽车方面，丰田全面布局燃料电池汽车领域，已推出包括乘用车 Mirai 等在内的燃料电池汽车系列产品；本田已发售 Clarity，并注重燃料电池汽车的精细化研发。日本制订了到 2030 年燃料电池汽车的三个技术进步节点目标，总量上，提出实现从当下 1600 辆到 80 万辆的普及目标；在技术方面，注重提升功率密度和储氢密度，增强车辆

[一] http://www.xinhuanet.com/2017-12/26/c_129775996.htm.

的耐久性；在价格方面，进一步控制车辆和氢气的成本。日本燃料电池汽车技术目标如表4-1所示。

表4-1 日本燃料电池汽车技术目标

项目	目前	到2020年	到2025年	到2030年
普及目标/辆	1600	4万	20万	80万
车辆价格/(万元/辆)	>42	~25	—	—
续驶里程/km	650	—	—	800
燃料电池系统价格/（元/kW）	—	<483	<301	<241
冷启动温度/℃	-30	-30	—	—
含电堆价格/（元/kW）	—	<301	<181	<120
电堆功率密度/（kW/L）	3.0	4.0	5.0	6.0
耐久性/年	乘用车约15	乘用车>15	乘用车>15 商用车约15	乘用车>15 商用车>15
车载储氢（储量~5kg）/万元	—	1.8~3.0	<1.8	0.6~1.2
储氢质量分数（%）	5.7	6.0	—	—

（二）三大集群引领日本氢能示范[一]

当下，日本三大主要的氢能推广集群分布在福冈（福冈氢战略）、山梨县地区（山梨燃料电池谷）和福岛（福岛氢能源研究计划）。

[一] The Mission Innovation "Hydrogen Valleys" Workshop, Antwerp, March 2019_Japan, https://www.fch.europa.eu/page/mission-innovation-antwerp-2019.

1. 福冈氢战略

福冈氢战略项目主要包含成立氢能与燃料电池研发部、建立示范区、支持新工业发展、推进教育及构建氢能信息中心等。九州大学作为氢战略研究中心，先后成立了氢技术研究中心（HTRC，2004）、氢工业应用和储存研究中心（S HYDROGENIU，2006）、氢能测试研究中心（HyTReC，2009）、国际碳中性能源研究所（I2CNER，2010）及下一代燃料电池研究中心（NEXT-FC，2012），为福冈氢战略提供技术支持。

在研发方面，氢战略项目以聚焦研发寿命长、抗高压的氢气密封圈、接头和设备为主，同时建立高压下材料的特性数据库。示范项目方面，福冈地区已有多个氢能示范项目正在开展，如北九州氢能镇（氢气管道输送）、汽车厂可再生能源氢气利用项目和污水污泥制氢项目等。截至2019年3月，福冈已投放燃料电池汽车109辆，建立加氢站10个，示范利用钢厂和污水制氢。

2. 山梨燃料电池谷

在日本，山梨县具有较大的太阳能发电潜力，拥有氢能与燃料电池研究机构集群。山梨县充分利用自身特点，实现氢能战略。

1）扩大氢能的利用——到2030年，推广1300辆燃料电池汽车、10辆燃料电池客车，建立2座加氢站和3.4万台热电联供设备。

2）充分利用太阳能——有效利用光伏促进可再生能源发电技术（Power to Gas，P2G）技术发展，构建真正零排放的氢能供应体系。

3）推动燃料电池产业发展——制定山梨县"燃料电池谷战略"，规划氢能未来发展布局。

山梨工业技术中心和山梨大学（清洁能源研究中心、燃料电池纳米材料中心、氢能与燃料电池技术支持中心）为山梨燃料电池谷提供技术支持，山梨县重点聚焦高分子固体电解质型燃料电池（PEFC）的制备和分析；在示范项目方面，启动新的P2G项目（使用1.5 MW质子交换膜电解);在新兴产业方面,推动小型燃料电池供电系统、催化剂涂覆膜(Catalyst Coated Membrance,CCM)生产工艺的发展。目前,山梨县已运行22辆燃料电池汽车、1个加氢站和582个热电联供设备。此外,1个综合能源示范点正在开发中。山梨县预期到2030年氢能与燃料电池产业销售额达到1000亿日元,实现200家企业入驻,创造5000个工作岗位。

3. 福岛氢能源研究计划

福岛县将建立利用可再生能源制氢系统——"福岛氢能源研究站(Fukushima Hydrogen Energy Research Field,FH2R)"(图4-2)○。FH2R将使用1万kW级的制氢设施,每年可使用可再生能源生产和储存多达900t的氢气,所制备的氢气主要用于日本的燃料电池发电和燃料电池汽车等领域,此外也输送到日本其他用氢地区来平衡部分地区的电网压力。FH2R计划在2020年经过最终测试验证后正式运行,东芝能源系统解决方案公司(ESS)将监督整体项目和氢能管理系统,东北电力株式会社将负责能量管理系统(EMS)以及电网方面的相关事宜,岩谷公司将负责需求和供应预测以及氢气的运输和储存。

图4-2 福岛氢能源研究站效果图

○ http://www.keguanjp.com/kgjp_keji/kgjp_kj_hj/pt20180821060001.html.

(三) 加强全球合作,构建氢能新格局[一]

1. 氢能与燃料电池技术合作联盟

国际能源署应 G20 轮值主席国日本的要求,编制了首份具有里程碑意义的氢能发展深度报告,明确现在已到挖掘氢能潜力并使其在清洁、安全和经济的能源未来中发挥关键作用的时刻。在此背景下,2019 年大阪 G20 峰会上,日本经济产业省(METI)、美国能源部(DOE)和欧盟委员会能源总司(ENER)达成了首个国家层面的氢能与燃料电池技术合作联盟,预期未来通过合作进一步实现氢能在能源、经济和环境领域的重要作用。

2. 日澳氢能供应链

为实现氢气的稳定供应,日本将澳大利亚视为理想的氢能进口合作伙伴,通过政府合作在澳大利亚和日本之间建立一条海上氢能供应链(HESC)。这一海上氢能供应链试点项目为世界首创,澳大利亚将资源丰富的褐煤制成液化氢出口到日本,为日本提供丰富的氢来源。该试点项目耗资 4.96 亿澳元,由日本政府和川崎重工牵头其他企业、机构共同出资,澳大利亚政府和维多利亚州政府也为该试点项目提供了总计 1 亿澳元的资金支持。

二、 韩国:规划氢能路线, 注重基础设施建设

(一) 国家层面上制定氢经济发展路线

2018 年 8 月,韩国政府在通过众多专家研究和分析后发布《氢能

[一] http://mou.fdi.gov.cn/1800000628_18_7497_0_7.html.

经济发展路线图》[○]，正式把氢能产业定为三大战略投资领域之一。该路线图于2019年1月17日在韩国蔚山市发布，旨在大力发展氢能产业，以引领全球燃料电池汽车和燃料电池市场发展（图4-3）。

在燃料电池汽车方面，韩国政府计划将在2022年实现8.1万辆燃料电池汽车产量目标；到2040年，燃料电池汽车累计产量达到620万辆，其中实现8万辆出租车、4万辆公交车和3万辆货车的普及。届时，燃料电池汽车售价有望降至目前的一半，为3000万韩元（约合人民币18.9万元）左右。在加氢站方面，政府考虑为其提供补贴，并放宽管制措施，积极吸引民间资本的参与。截至2019年9月，韩国已建成加氢站28座，2040年规划建成加氢站1200座。在其相关技术指标方面，2030年，实现关键零部件国产化率达到90%，加氢容量达到1500kg/天。

韩国的目标是到2030年力争在燃料电池汽车和燃料电池领域占据全球市场份额第一的位置；到2040年，创造出43万亿韩元的年附加值和42万个工作岗位。鉴于氢经济发展尚处于初期阶段，加上韩国拥有世界一流的燃料电池汽车相关技术，氢经济有望成为韩国拉动创新增长的重要动力。

（二）加氢基础设施方面构建氢能网络，推动加氢基础设施建设

韩国作为氢理事会欧洲创新项目（FlagShip）的参与者，提出了氢能网络（HyNet）[○]项目，同时成立了同名公司来落实项目。新公司由韩国天然气公司、现代和液化空气（韩国）等13个政府、民间及境外资本共同投资组建，投资金额为1350亿韩元（约人民币8.1亿元），该公司规划到2022年在韩国建立100个新的加氢站，实现推动韩国氢气供应体系和加氢基础设施的建设。

㊀ http://korea.people.com.cn/n1/2019/0118/c407882-30576970.html.

㊁ https://www.fch.europa.eu/page/mission-innovation-antwerp-2019.

韩国：氢能燃料电池发展规划（1）

		2018年	2022年	2040年
制造业	轿车	1800(900)'	7.9万 (6.5万)	590万 (275万)
	出租车	—	—	12万 (8万)
	客车	2 (2)	2000 (2000)	6万 (4万)
	货车	—	—	12万 (3万)
氢燃料电池车产量（辆）	总计	1800 (900)	8.1万 (6.75万)	620万 (290万)
	加氢站数量（座）	14	310	1200
	发电用产量	307.6 MW	1.5 GW (1 GW)	15 GW (8 GW)
家庭、建筑用产量		7 MW	50 MW	2.1 GW

燃料电池汽车技术指标	2018年	2020年	2025年	2030年
汽车价格（万韩元，乘用车）	8500	约5000	约4000	约3000
耐久性（万km）	16	20	25	30
FCEV类型	乘用车	城市公交	卡车	特种车辆
电堆功率密度（kW/L）	2	3.5	4	4+
铂用量（mg/cm²）	0.5	0.2	0.1	0.1或以下

韩国：氢能燃料电池发展规划（2）

加氢站技术指标	2018年	2020年	2025年	2030年
零部件国产化（%）	40	70	80	90
加氢站容量（kg/天）	250	500	1000	1500
加注设施价格（万韩元/kg）	880	500	300	200
储氢容器容积（L/ea，三或四型）	在海外	~150	150~300	300+
零部件耐久性（年）	10	15	20	20+

氢能制运设备技术指标	2018年	2020年	2025年	2030年
制氢设备的产量（kg/h，国产）	3（现场）	20（现场）	40（现场/非现场）	400（现场/非现场）
氢气储存密度（kg/L）	0.1	0.2	0.5	1
氢气运输价格（韩元/kg）	1000	700	600	500

氢能供应规划	2018年	2022年	2030年	2040年
氢气的供应（万t/年）	13	47	194	526
氢气价格（韩元/kg）	8000	6000	4000	3000

图4-3 韩国氢能燃料电池发展规划

三、欧洲：氢能路线图规划发展，助力欧洲脱碳计划

欧洲将氢能作为可持续发展的重要路径。为保障能源安全和实现能源转型，欧盟《2020气候和能源一揽子计划》《2030年气候和能源政策框架》及《2050年低碳经济路线图》等能源规划，重点支持发展氢能。2018年发布《欧盟温室气体减排长期战略》，将氢能作为一项关键应用技术以推动实现减排目标。2019年发布《欧洲氢能路线图：欧洲能源转型的可持续发展路径》，明确了在燃料电池汽车、氢能发电、家庭和建筑物用氢，以及工业制氢方面的具体目标。

（一）英国：新型绿色氢气系统项目[一]助推欧洲能源转型

新型绿色氢气系统（BIG HIT）项目是欧洲面向能源转型实施的项目，旨在建立能源转化和本地化能源系统（H_2 Territories / Valleys）。项目位于英国奥克尼群岛，有效利用风能和潮汐能这两种清洁能源生产氢气，同时使用技术先进的质子交换膜电解槽，通过可再生能源电解水制氢，使用长管拖车运到奥克尼大陆。BIG HIT项目每年可生产约50t氢气，主要用于为当地建筑供热，或通过燃料电池为几座港口建筑、码头和停靠的渡船供电。该项目计划于2021年建成，总预算为1300万欧元，欧洲燃料电池和氢能合作组织为该项目投资了500万欧元。项目致力推动欧洲实现向低碳经济过渡的目标，氢气也在当地满足电力、运输和供热需求。未来，奥克尼的氢气部署投资会超过4500万欧元，同时展开与欧盟其他地区的合作。

[一] https://www.fch.europa.eu/page/mission-innovation-antwerp-2019.

（二）德国：中心内卡氢谷打造规模化的氢气制储运产业体系

德国在氢能与燃料电池领域专门成立了国家氢能与燃料电池技术组织（NOW-Gmbh）以推进相关领域的工作。2006年，德国政府、工业和科学界达成战略联盟，启动氢和燃料电池技术国家创新计划（NIP）下为期10年的重大项目，并已取得了明显的成就。2018年，德国批准NIP计划再延长10年，政府提供14亿欧元的资金，包括对开放使用的加氢站、燃料电池汽车及微型热电联产的补贴。此外，德国其他氢能产业资本也全力支持氢能经济发展，准备投入超过20亿欧元，用于推动氢能基础设施建设。

2019年3月，德国提出建立"中心内卡氢谷"（Central Neckar Vally），氢谷计划将为多个行业提供氢气生产、储存、运输和使用，实现扩大氢生产，提供从生产点到需求中心的氢输送的可扩展解决方案。位于该区域的巴登-符腾堡州是推动项目发展的主要地区之一，该地区拥有丰富的可再生能源（光伏、风能和水力等）和雄厚的技术支持，许多公司已经在燃料电池整车及零部件、设备等领域开展技术研究。在地方政府和联邦政府的支持下，该地区致力打造成为欧洲未来氢技术的领导者。

（三）法国：零排放谷致力于提高可再生能源的利用发展绿色氢气

2007年，法国召开环境协商大会，可再生能源成为未来重点发展的能源之一。2018年6月，法国推出《法国氢能计划》，提出法国环境与能源管理署（ADEME）将出资1亿欧元用于工业、交通以及能源领域部署氢气。该计划旨在进一步促进燃料电池汽车发展以及加快加氢站建设，到2028年实现至少800辆FCV和400座加氢站的目标。

法国希望通过提高可再生能源的利用发展绿色氢气，实现工业脱碳和运输领域零排放。"零排放谷"（Zero Emission Valley，ZEV）项目（图4-4）是法国发展绿色氢能的一大举措，主要围绕克莱蒙弗朗、里昂和格勒诺布尔三个城市，该项目通过可再生能源电解水制氢，所产生的氢气可满足本地生产和生活的能源需求，如电力、热力、制冷及运输等。此外，将富余的绿色氢气运输到可再生能源潜力有限的地区，形成多用途绿色供应。项目计划建立20个加氢站，并对前1000辆燃料电池汽车进行购买补贴，加快推进该地区氢能的应用。

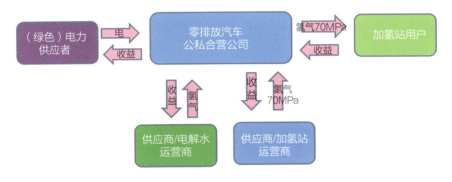

图4-4　ZEV项目示意图

在技术层面，法国萨尔格米讷（Sarreguemines）地区成立了法国第一座可现场可再生能源制氢的加氢站，日产氢气40kg，可为25辆燃料电池汽车填充35~42MPa的氢气，并为德国和比荷卢经济联盟提供跨境氢气。加氢站安装的目的是在跨境环境中测试燃料电池汽车，并在现场结合电解槽验证加氢站的技术可靠性[一]。

（四）意大利：南蒂罗尔氢谷为"零排放出行"创造条件

意大利南蒂罗尔地区一直是推动氢能发展的积极区域，称为南蒂罗

[一]　http://www.cryo.sjtu.edu.cn/show.aspx?infolb=14&infoid=329&flag=14.

尔氢谷（The South Tyrolean Hydrogen Valley）2014年6月，博尔扎诺的"多功能氢中心"开放，该中心可利用再生能源制氢，建有加氢设施，同时具备其他氢能的应用项目。

自2014年以来，博尔扎诺市的燃料电池公交车行驶里程超过1200万km，加氢次数超过了5300次。除了公交车队，该市也部署10辆燃料电池汽车作为欧洲HyFIVE项目的一部分，燃料电池汽车累计行驶里程超过68万km。生产和加氢设施方面，加氢站的利用率高达98.6%，已累计完成超过8000次加氢，生产了超过12万kg的绿色氢气，已减少超过1640t CO_2、14300kgNO_x 和24600kg的颗粒物排放。

自开放以来，博尔扎诺氢中心接待了超过7000名访客，包括世界各地的国际代表团、众多代表大会、工作车间、国际项目会议、测试日和活动，每周都有几所学校和大学作为嘉宾前去参观学习。总之，博尔扎诺氢中心为意大利的氢能示范提供了一个可参考的成功案例。

2017年，意大利又推出多个氢能项目，支持南蒂罗尔地区的氢能发展。其中，"Zero Emission Life"项目是使南蒂罗尔成为无排放出行的模范区域，项目采用电池和燃料电池为交通工具供电，在旅游、物流和私人/公共交通等几个经济部门引入零排放（燃料电池）车辆试点车队。基于意大利自身条件与发展情况，布伦纳氢走廊的建设对加强意大利北部与中欧的可持续发展具有重要意义，氢走廊建设可减少大比例的交通排放污染，促进能源和经济方面的进一步发展。

意大利的氢能示范项目见表4-2。

表4-2 示范项目[①]

项目	内容	合作伙伴
JIVE REVIVE	12辆燃料电池电动公交车；运营8年 1个燃料电池垃圾收集车	SASA, IIT Bolzano& Merano
MEHRLIN	在SASA仓库的1个加氢站；2个氢气拖挂车	SASA, IIT
ZERO EMISSION LIFE	33个快速充电器：20个用于公交车，13个用于小轿车 1个中央氢生产设施 南蒂罗尔有4个加氢站，布伦纳高速公路有1个加氢站	SASA AG, Alperia AG, Brennerautobahn AG, VEK, Brunecker Stadtwerke, STA AG, Eurac, IIT

① https://www.fch.europa.eu/page/mission-innovation-antwerp-2019.

对意大利来说，积极发展氢能的同时也面临许多问题与挑战，如由于国家立法的限制而产生监管障碍、没有针对氢能项目的国家共同供资计划、意大利的电费高昂影响了电解经济性、燃料电池汽车和公交车的可用性低以及缺乏氢能相关技术的专业知识，等等。如何在未来解决和克服当下所面临的种种问题，是意大利推动氢能经济持续发展的关键一步。

四、智利：发展太阳能氢工业，建立氢能全球市场

智利拥有世界最好的光照自然资源，年光照量达$3800kW \cdot h/m^2$，日光照亮达$10.5kW \cdot h/m^2$，还有$1.8GW \cdot h$的潜在光能。智利锂矿和铜矿资源丰富，采矿业十分发达。智利政府在作相关政府报告时指出，正在努力寻求"绿色"氢气的先锋作用，致力于燃料电池和混合动力货车的投资开发和发展。作为政府目标的一部分，智利计划到2030年减少高达30%的CO_2排放，并逐渐转向可再生能源，能源部正专注于从替代储存技术来源生产氢气。

在此背景下，智利提出了"天然氢"创新战略，从源头开始在原料、电力和供热中使用绿色氢气，并采用燃料电池和双燃烧的采矿车辆作为运输车队和公共交通车队，同时做好储能工作。此外，计划正式定义国家绿色氢能战略，指导智利氢能的发展，最终希望通过自身条件优势来产生氢能供应国际需求。

（一）2025 展望：低排放采矿产业的领导者

智利锂矿和铜矿资源丰富，采矿业十分发达。为助力智利绿色采矿业发展，智利计划在采矿货车中加大氢能的使用，使用燃料电池货车和氢气/柴油双燃料汽车作为采矿作业车辆。2017 年，智利成立货车发展技术联盟，加大混合动力货车以及小型机器中氢气使用的技术研发。在能源利用方面，智利将采用持续供电的太阳能（混合光伏/聚光太阳能发电），致力于将氢发展成为化石燃料的替代品。

（二）合理利用资源优势建立全球化氢经济市场

智利计划利用丰富的太阳能资源降低成本，在 2023 年的氢能全球市场中创造 200 亿美元价值，从而占据全球市场的显著比例。北智利在氢气的生产、储运以及消费方面具有自己的独特优势（表 4-3）。通过太阳能，智利可发展太阳能氢工业、形成有竞争力的低碳采矿业以及降低能源消耗等多方面的目标。

不过，智利尚没有关于氢使用的具体法律和标准，因此公司必须遵循工业气体的一般准则。除国家和国际的标准外，大多数公司都制定了内部标准，以保障氢能的稳定发展。

图 4-5 展示了智利氢能战略梦想。

表4-3 北智利太阳能氢工业发展的优势

生产方面	运输储存方面	消费方面
• 世界上最高的太阳能发电潜力,水平全球辐射(GHI)大于2800kW·h/m²,直接正常辐射(DNI)高于3800kW·h/m² • 良好的风力资源,与某些高潜力地点相关 • 地热资源的存在 • 采矿活动,现有的海水淡化厂 • 沙漠地区对社区的影响较小	• 太阳能和水资源处于同一潜在消费地点(例如采矿) • 天然气管道的现有基础设施 • 现有的配电和输电基础设施 • 现有的水基础设施,从海岸到山脉 • 现有的铁路和港口基础设施	• 大量潜在的直接消费者集中在同一地区(采矿、工业、城市、港口、机场、火车及重型运输等) • 迫切需要储能以整合太阳能和风能 • 对硝酸铵用于爆炸物的需求量很大(由氨制造) • 采矿业面临压力,实现绿色采矿(大规模柴油消耗)

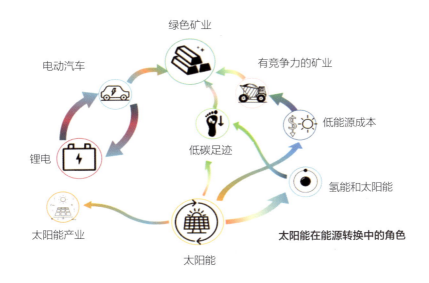

图4-5 智利氢能战略梦想

五、 中国：氢能发展战略明确，氢能示范成果明显

（一） 明确氢能发展目标，规划燃料电池汽车技术发展

国家部委高度重视氢能和燃料电池汽车产业发展，已将氢能纳入我国能源战略，成为我国优化能源消费结构和保障国家能源供应安全的战略选择。近年来，我国相继出台多项政策激励加速产业培育。2016年，国家发展改革委、能源局联合印发《能源技术革命创新行动计划（2016—2030年）》将氢能与燃料电池技术创新作为重点任务。2018年，财政部等四部委发布《关于调整完善新能源汽车推广应用财政补贴政策的通知》，燃料电池补贴政策基本不变，力度不减。2019年，《政府工作报告》中再次强调氢能，补充"推动充电、加氢等设施建设"等相关氢能政策。国家层面政策的发布为氢能和燃料电池汽车产业的发展指明了方向，国内氢能和燃料电池汽车产业发展步入快车道。

（二） 积极推动氢能示范，促进燃料电池汽车推广

截至2019年11月，我国累计燃料电池汽车产量达到4890辆，已建成加氢站达45座。

从国内来看，在国家科技计划和产业技术创新工程等项目的支持下，我国持续开展了燃料电池汽车的研究开发工作，基本形成了从燃料电池电堆、燃料电池动力系统到燃料电池整车的配套研发体系及生产制造能力，并在北京奥运会、上海世博会、广州亚运会及深圳大运会等重大活动期间进行了小规模的示范考核。在新能源汽车推广财政补贴政策和科技部与联合国开发计划署国际合作项目的支持引领下，以客车、物流车等商用车型为先导陆续在全国范围内启动了示范推广。

我国主要氢能示范领先地区为京津冀地区、长三角地区和珠三角地

区，上述三个地区得益于自身资源条件的优势和政府的支持，氢能和燃料电池汽车的示范走在全国前列。除此之外，我国其他地方也积极推进氢能发展，如湖北省武汉市将建立全国首个燃料电池产业园，三年内打造"氢能汽车之都"；山东省印发了《山东省新能源产业发展规划（2018—2028年）》，将积极进行济南"中国氢谷"建设，到2028年，全省氢能产业产值力争突破500亿元。未来，在政策的引导下，我国氢能和燃料电池产业与相关示范布局将近一步得到合理的规划和发展。

六、美国：长期的政府引领和持续的政策支持奠定了雄厚的产业基础[一]

美国作为世界上最大的石油和天然气生产国，可再生能源占比超过12%[二]，随着氢能与燃料电池技术日趋成熟，未来氢能将在美国能源结构中发挥日益重要的作用。燃料电池技术起源于1966年美国航天计划。1990年，美国颁布了"氢能研究、开发及示范法案"，1996年，美国国会通过了"氢未来法案（Hydrogen Future Act）"，基本明确了氢的发展方向，美国氢能与燃料电池正式进入技术研发和示范推广阶段。在政策指引和以美国能源部为首的美国联邦政府各部门长期支持下，美国氢能与燃料电池产业已具备了良好的产业基础和技术优势，产业链日趋完备，涌现出一批行业领先企业；氢能与燃料电池在能源、货运、交通等多领域得到广泛示范和应用，各类研发及示范项目也在持续推进中，为大规模的商业化应用推广铺平道路。截至2018年，氢能及燃料电池在美国的应用情况如图4-6所示。

[一] 本部分根据美国能源部提供的资料整理。

[二] https://www.eia.gov/totalenergy/data/browser/index.php?tbl=T01.01#/?f=A.

图4-6 截至2018年,氢能及燃料电池在美国的应用情况[1]

(一)联邦政府与各州支持带来产业发展的原动力

1. 联邦政府支持

美国联邦政府对氢能与燃料电池产业的影响非常显著,美国能源部、美国运输部(DOT)、联邦运输管理局(FTA)、国家航空航天局(NASA)和国家科学基金会(NSF)等一直致力于支持氢能与燃料电池相关研发。如美国联邦基金致力于支持相关领域创业公司、高校衍生公司、高校研发项目和美国能源部国家实验室的合作单位进行氢能与燃料电池相关研发工作;美国能源部能效与可再生能源部门(EERE)燃料电池技术办公室(FCTO)致力于支持氢能与燃料电池的基础研究(图4-7),美国能源部已资助超过700项氢能与燃料电池相关项目,支持超过30种相关技术实现商业化,并有超过65种技术有可能在未来3~5年内实现商业化。美国能源部计划于2019财年提供1.2亿美元的资助

---

[1] 资料来源于 The 2018 Bluebook: FCEVs and Hydrogen Infrastructure-USA。

额，用于支持氢能与燃料电池相关技术研究；联邦运输管理局一直为燃料电池公共汽车的运营提供资金，并与美国能源部合作收集运行数据，为进一步指导研发和技术改进提供数据支持。为培育良好的燃料电池应用市场，美国政府还通过向消费者提供经济补贴和税收减免，间接促进企业加大开发力度，推动燃料电池的产业化和商业化进程。除联邦政府外，部分州政府也积极出台相应的激励政策和税收优惠措施，并开展燃料电池汽车大规模的示范运行。

图 4-7　美国能源部能效与可再生能源部门燃料电池技术办公室
2019 财年对氢能与燃料电池的资金支持

美国通过国家实验室以联盟形式开展联合研究，致力于实现大规模应用氢能的能源系统。美国能源部 2016 年发起了"H2@Scale"计划（图 4-8），旨在以氢能的大规模应用带动氢能和燃料电池发展中遇到的技术和成本问题。2019 年 8 月 15 日，美国能源部宣布在 2019 财年拨款约 4000 万美元用于推进 H2 @ Scale 计划的 29 个项目，以促进制储氢、基础设施技术及分布式能源提高电网弹性等创新技术的发展㊀。

㊀ https://www.energy.gov/articles/department-energy-announces-40-million-funding-29-projects-advance-h2scale.

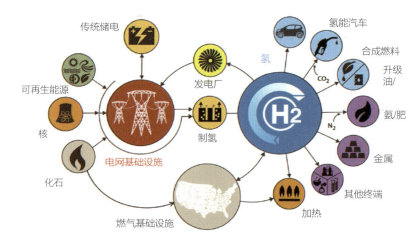

图 4-8 "H2@Scale" 计划概念示意图

美国联邦政府相关职能部门（部分）对氢能与燃料电池产业的支持项目见表 4-4。

表 4-4 美国联邦政府相关职能部门（部分）对氢能与燃料电池产业的支持项目

部门	资助项目简介
联邦政府、美国能源部（DOE）	● 以国家实验室联盟的形式推进氢能技术发展，参与的实验室包括阿贡国家实验室（ANL）、劳伦斯伯克利国家实验室（LBL）等 ● 于 2016 年启动了 "H2 @ Scale" 计划
美国交通部（DOT）	● 美国交通部大力支持美国各州燃料电池汽车应用示范。2015年，美国运输部联邦运输管理局（DOT FTA）通过低排放车辆部署计划（LoNo）分别向 SunLine 运输机构（加州）、斯塔克地区交通管理局（俄亥俄州）提供 150 万美元和 400 万美元的资金或车辆支持，来推进当地燃料电池汽车示范运营 ● 下属联邦高速公路管理局（FHWA）推出了国家替代燃料和充电基础设施网络，该网络覆盖 35 个州的 55 条公路，氢高速公路也涵盖其中
美国国家航空航天局（NASA）	● 资助超高效低排放航空动力培育项目计划（FUELEAP），来验证是否可用新型燃料电池为通用航空级飞机提供动力 ● 为多个燃料电池项目提供近 100 万美元的小企业创新研究资金，支持的项目涵盖固体氧化物燃料电池、为无人机系统供电的轻型燃料电池等
美国国家科学基金会（NSF）	● 已提供 220 万美元的小企业创新研究资金，资助包括质子交换膜燃料电池、电解/氢气储存等的研究
美国小企业管理局（SBA）	● 美国小企业管理局（SBA）的国家贸易扩展计划（STEP）为氢能与燃料电池相关小微企业的海外发展、国际会展活动提供支持

2. 各州支持

除了联邦政府的支持外，美国各州也看到了氢能与燃料电池行业的发展潜力，纷纷出台规划和激励措施鼓励企业发展燃料电池业务。

加州是全球最具示范效应的燃料电池汽车推广地区，加氢基础设施建设走在世界前列。加州政府在推广氢能与燃料电池方面发挥着关键作用，在燃料电池汽车方面，通过对企业研发的支持、对私人用户购买或租赁燃料电池汽车的资金支持等，推动加州燃料电池汽车示范运营的发展。根据加州空气资源委员会最新评估报告，加州运营的燃料电池汽车已接近 6000 辆。在氢基础设施建设方面，截至 2019 年 9 月，加州已建成零售加氢站 41 座。[一]加州政府注重与燃料电池汽车的协同发展，通过定期评估保证加氢站运营的经济性，为加氢站建设与燃料电池汽车的推广提供指导。报告指出，加州燃料电池汽车推广量仍落后于加氢站建设，为保证加氢站网络建设计划顺利进行，需部署更多的燃料电池汽车予以匹配。加州燃料电池伙伴组织（CaFCP）提出氢能与燃料电池汽车推广新愿景：至 2030 年，建成 1000 座加氢站，推广一百万辆燃料电池汽车。加州还将在完善市场环境、引导市场需求和创新市场应用几个方面持续发力，力争打造加州氢能与燃料电池产业可持续发展的商业化市场[二]。

美国加州政府机构（部分）的支持计划和相关项目见表 4-5。

[一] 资料来源于 2019 *Annual Evaluation of Fuel Cell Electric Vehicle Deployment & Hydrogen Fuel Station Network Development*。

[二] 资料来源于 *The California Fuel Cell Revolution-A Vision for Advancing Economic, Social, and Environmental Priorities*。

表 4-5 美国加州政府机构（部分）的支持计划和相关项目

政府机构	支持计划和相关项目
加州能源委员会（CEC）	通过加州能源委员会具有竞争力的可再生能源替代燃料和车辆技术计划（ARFVTP），为加州加氢站建设提供资金支持，同时鼓励更多消费者购买或租赁零排放汽车
加州环境保护局空气资源委员会（ARB）	通过清洁汽车返利项目为燃料电池汽车购买者提供返利，以帮助加州居民购买或租赁燃料电池汽车
空气资源委员会（CARB）	通过预测市场需求和提升加氢站技术来支持加氢基础设施的发展。委员会每年对燃料电池汽车和加氢站进行技术、经济性等多方面评估，通过相关工具确定需发展建设加氢基础设施的区域
加州州长商业和经济发展办公室（GO-Biz）	帮助当地政府、加氢站投资建设方规划加氢站建设，帮助实现加州到2025年150万辆清洁能源汽车的目标

康涅狄格州大力支持产业发展，氢能与燃料电池产业初具规模。康涅狄格州已安装和计划安装的固定式燃料电池系统装机量超过64MW，装机量仅次于加州。在产业链方面，康涅狄格州拥有超过600家氢能与燃料电池相关企业，带动超过7.26亿美元的投资和收益，直接或间接地创造了超过3400个就业岗位，拉动超过3.4亿美元的劳动收益。此外，康涅狄格州也签署了州零排放汽车谅解备忘录，康涅狄格州能源和环境保护部（DEEP）为康涅狄格州燃料电池和燃料电池汽车提供购买折扣。

夏威夷州在清洁能源战略中将氢能定义为关键燃料。为促进夏威夷州氢能产业的发展，2016年夏威夷州立法机构专门设立氢能实施协调员的职位来帮助协调跨部门的氢能基础设施建设和政策的建立。此外，作为促进夏威夷州高科技产业发展的国家机构，夏威夷先进运输技术中心在联邦政府和私营企业之间建立起公私合营伙伴关系，以支持开发先进低排放和零排放电动车辆的技术。

马萨诸塞州通过支持氢能与燃料电池技术促进技术创新与发展，同时还对购买或租赁燃料电池汽车提供资金支持，以推动燃料电池市场化应用。在技术创新方面，2017年2月，马萨诸塞州资助马萨诸塞州清洁能源中心（MassCEC）的"Innovate Mass 计划"，以支持其在初期清洁能源、水技术和储能方面的创新；马萨诸塞州还为 Ivys Energy Solutions（沃尔瑟姆）公司提供15万美元的支持，以研究燃料电池汽车、加氢基础设施与太阳能储能系统的融合发展；在推动燃料电池应用方面，马萨诸塞州通过该州电动汽车补助计划（MOR–EV），还为购买或租赁燃料电池汽车者提供2500美元资金支持。

（二）政策和市场共推燃料电池应用规模持续扩大

1. 燃料电池汽车领域

燃料电池汽车的商业价值日益凸显，截至2019年9月，美国运行的燃料电池汽车达7000多辆，其中燃料电池乘用车推广超过6500辆，车型主要涵盖丰田 Mirai、本田 Clarity 和现代 NEXO。美国示范运营的燃料电池客车已超过35辆，未来还将部署超过39辆燃料电池客车。[一]美国能源部和美国交通部联邦运输管理局根据燃料电池客车的实际运营情况，制订燃料电池客车的性能和成本目标，包括2016年中期目标和商业化最终目标。美国能源部国家可再生能源实验室（NREL）一直以来致力于跟踪收集美国燃料电池客车实际运营数据，跟踪目标达成情况。燃料电池汽车产业规模的持续扩大推动着制造业的发展、经济的增长和就业的提升。随着美国氢能基础设施建设持续展开，燃料电池汽车的数量也将在未来几年内实现快速增长。

燃料电池客车实际性能与美国能源部、联邦运输管理局制订目标的比较见表4-6。

燃料电池叉车的示范运营美国走在世界前列。截至2019年9月，美国已有20多个州部署了超过2.5万台燃料电池叉车（装机容量超过

[一] 来源于 *Fuel Cell Buses in U. S. Transit Fleets*：*Current Status* 2018。

表4-6 燃料电池客车实际性能与美国能源部、联邦运输管理局制订目标的比较[5]

比较项目	客车使用时间/年	客车行驶里程/mile[①]	燃料电池动力系统运营时间/h[②]	出车率(%)	客车故障间隔里程/mile[①]	燃料电池系统故障间隔里程/mile[①]	定期和非定期维护成本/(美元/mile[①])	燃油经济性/(折合USgal[③]/柴油/mile[①])	续驶里程[④]/mile[①]
2017年车队平均	5.5	128656	13041	71	4516	18026	0.53	7.01	300
2018年车队最高	8.4	237483	31210	100	4375	43806	0.62	7.82	360
2018年车队平均	4.6	125613	13218	73	3997	15449	0.42	7.01	277
2016年目标	12	500000	18000	85	3500	15000	0.75	8	300
最终目标	12	500000	25000	90	4000	20000	0.40	8	300
目标达成情况	—	—	最终目标	—	2016年目标	2016年目标	2016年目标	—	最终目标

① 1mile 等于 1609.344m。
② 客车行驶里程及燃料电池运营时间为累计数值,不代表最终寿命。
③ 1USgal 约为 3.785dm^3。
④ 基于95%的储罐容量氢气的续驶里程。
⑤ 资料来源于 *Fuel Cell Buses in U.S. Transit Fleets: Current Status 2018*。

162MW），初步实现了燃料电池叉车商业化发展。最初，美国能源部及相关行业组织出资约 2100 万美元支持了超过 700 辆燃料电池叉车在美国的示范运营，成效显著。后续相关企业又陆续新增了超过 2.4 万台燃料电池叉车，这也充分显示了燃料电池叉车相比传统及电动叉车具有更好的竞争优势。

燃料电池在重型车辆方面的应用也在逐渐兴起，多个燃料电池重型货车已在美国进入路试阶段。2017 年 4 月，丰田推出的 Project Portal 18 级燃料电池货车已在洛杉矶港和长滩港进行路试；尼古拉汽车公司正在研发燃料电池 8 级货车样车，并计划在 2018—2021 年对车辆进行道路测试，尼古拉公司还计划在美国和加拿大搭建加氢站网络，以服务燃料电池重型货车；加拿大氢能公司、英国宇航系统公司、美国肯沃斯公司等的燃料电池货车也将在洛杉矶港和长滩港接受测试。此外，美国能源部还与联邦快递公司、Plug Power 公司合作，在田纳西州孟菲斯机场部署 10 辆燃料电池行李牵引车示范项目。目前，该项目的第一阶段已圆满结束，10 辆燃料电池行李牵引车正接受高寒测试，之后还可能接受高温、高原等其他条件的测试。

为推进燃料电池汽车技术发展，美国能源部联合工业界制订燃料电池应用及技术发展规划，明确未来美国燃料电池发展规模和成本目标。

美国能源部燃料电池系统及应用领域成本与目标值对比如图 4-9 所示。

2. 固定式发电领域

美国燃料电池固定式发电系统的使用量和装机量持续增长。美国固定燃料电池功率包括大型（200kW 及以上）和小型（200kW 以下）固定式电源，市场应用领域包括大型商场、公共区域、数据中心、住宅及电信等。截至 2019 年 9 月，美国固定式燃料电池装机量已超过 357.5MW。其中，在小型和备用电源方面，美国联邦政府大力支持燃料电池备用电源的发展，近年来销售已出现大幅增长。美国燃料电池备用

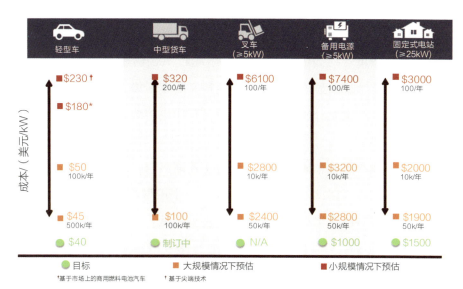

图4-9 美国能源部燃料电池系统及应用领域成本与目标值对比

注：图表未严格按照比例绘制，仅供参考。

电源出货量已超过8000台，装机量43kW，其中超过900台燃料电池备用电源系统获得美国能源部资助。

燃料电池制造商和其他相关产业，尤其是能源企业等合作进一步加深，如Bloom Energy（布卢姆能源）公司与美国南方电力公司结成了战略同盟，美国燃料电池能源公司与埃克森美孚（Exxon Mobil）公司在碳捕获技术上展开了合作。

（三）市场导向构建面向未来的大规模氢气供应体系

1. 重点地区加氢站网络建设初具规模

截至2019年9月，全美已有46座加氢站向公众开放，加州及美国东北部等重点地区加氢站网络化格局正在形成。美国政府计划每年出资2000万美元支持加氢站建设，直到100个零售加氢站全部投入使用为止。

美国加州是美国加氢站建设的先行区，计划到2025年建成200座加氢站，到2030年建成1000座加氢站。夏威夷州、俄亥俄州、南卡罗来纳州、纽约州、康涅狄格州、马萨诸塞州、科罗拉多州、犹他州、得克萨斯州和密歇根州等州均计划建设更多加氢站。东北部的偏北地区计划建设 12~25 个加氢站，并投资 2700 多万美元用于建设氢走廊。

2. 不同场景下氢气生产方式选择与研发

为确保能源安全、满足环境需求、解决原料可用性和成本的地理差异问题，美国正在开展一些制氢研究项目，以为短期和长期的氢气生产提供多种不同原料和技术的选择。近期研究重点是可再生的分布式液态燃料重整和电解水制氢，以最低的设备成本满足初期较低的氢气需求。短期和长期研究都将侧重于利用可再生能源制氢，并强调当储运基础设施完备时，将可利用规模经济进行集中制氢。美国制氢技术的研究与发展现状如表 4-7 所示。

表 4-7 美国制氢技术的研究与发展现状

制氢方式	技术和产业发展现状
分布式制氢	• 美国大规模天然气重整制氢可将氢气成本控制在 2 美元/USgal，与汽油成本相比，仍具有竞争力 • 美国利用可再生能源小型电解水制氢。为提升成本竞争力，美国一方面致力于创新研发，以降低电解设备成本和运营成本；另一方面，使其电力成本不高于当前平均电价的一半
集中制氢	• 可通过碳捕获等技术控制温室气体排放，以实现煤和天然气为原材料的集中制氢 • 美国能源部核能办公室一直在研究下一代核电站项目应用高温电解制氢的可行性 • 随着高效水分解化学循环工艺和新材料的发展，美国集中利用太阳能进行高温热化学制氢或将可行 • 利用太阳光的光电化学和生物制氢技术还处于早期阶段，需经过长期研究和开发才能具有经济性
可再生能源制氢	• 2016 年开始，美国已计划并开展了诸多可再生能源制氢项目，如 Hydrogenics 公司和 StratosFuel 公司合作建设 2.5MW 的可再生能源制氢装置；Nel ASA 公司计划在加州建立一个太阳能驱动的制氢厂
P2G	• 加州大学欧文分校利用毗邻的发电厂，研究开发电转气设备，开展美国首个氢气管道输送项目，南加州天然气公司为该项目提供资金，Proton OnSite 公司提供水电解槽 • 加州怀尼米市开展了 50kW 可逆固态燃料电池系统示范项目，该系统可生产、压缩和储存可再生能源制取的氢气

3. 探索安全便利的氢气储运方式

是否具有安全、便利的氢气储运体系是决定燃料电池汽车能否实现商业化发展的关键因素。美国氢能储运方式及技术发展现状见表4-8。

表4-8 美国氢能储运方式及技术发展现状

不同状态的氢储运方式	储运技术发展现状
高压气态氢储运	美国高压气氢储运方式主要包括管束车和管道运输。美国有超过2575km（1600mile）的氢气专用输送管道，该管道的最高运行压力约为70bar，运输的氢气主要用于石化行业。由于投资高，管道输氢的终端用户一般为用氢需求超过10万kg/天，且预计需求至少持续15~30年
液氢储运	北美现有的8个氢液化工厂生产规模从每天5000~7万kg不等。燃料电池汽车的大规模推广将使得有必要建设更多的大型液化装置
液态有机储运氢	液态有机储氢比气态储运技术有更高的储氢密度，又能避免液氢易蒸发的问题，但技术尚未成熟

美国氢气管道研究走在世界前列，为了满足未来燃料电池汽车市场的商业化推广用氢需求，美国能源部近期开展了管道方面的研发工作。美国能源部燃料电池技术办公室支持了不同氢气压力和加载频率对钢管基材和焊缝影响的研究项目。研究表明，强度范围在X52~X80的钢抗氢脆能力较强。目前，研究人员正在评估X100钢焊接件和各种高强度基本金属的微观结构，该评估结果将最终被用于指导新型高强度钢（高于X100）的开发。与此同时，美国能源部还支持开发物理氢脆预测模型的研究，该模型将用于指导钢制设备整体完整性管理实践的发展及新型钢材的开发。

此外，2005—2015年，美国能源部燃料电池技术办公室一直致力于资助评估纤维复合材料（FRP）在氢气管道中的应用。与钢相比，纤维复合材料更长的线轴长度使其更容易运至现场，甚至可以现场制成，同时可大大减少安装所需的接头数量，从而降低安装成本。橡树岭国家实验室和萨凡纳河国家实验室致力于研究评估纤维复合材料用于储运高压氢气时的性能，包括爆裂压力、氢兼容性、裂纹容差、泄漏率和抗疲劳性能。

2016年，美国能源部燃料电池技术办公室支持对"ASME B31.12 氢气管道系统"标准的两次重大修订，增加X70钢的材料性能标准，同时通过规范管道壁厚，降低了30%的安装成本。此外，纤维复合材料也被纳入"ASME B31.12"标准中，以应用于170 bar以下的氢气管道。纤维复合材料的运用有效降低了氢气管道成本，如直径为1in（1in=0.025m）的管路，使用纤维复合材料预计其安装成本可降低25%以上。

美国除对专用氢气管道的研究外，近年来也重点研究了氢气和天然气混合物的管道输送技术。相比于1600km的氢气管道，美国拥有总长近30万mile陆上天然气管道。2016年，加州大学欧文分校和SoCal Gas公司合作展示了美国首个"电转气"项目，该项目将电解水制取的氢气混合到学校的天然气管路系统中，但这种方式的挑战包括：

1）现有的基础设施已在使用，或非常接近年度能力限值，仅有限季节有余量可供氢气使用。

2）现有基础设施已有部分被腐蚀或遭受其他物理损伤，不适合用于氢气运输。

3）管道的基础材料和制造技术与氢气管道差异大，其建设时的加工后检验技术可能存在不足。

4）燃料电池最终使用的压力要求大大超过了天然气管道运输压力，需要进行额外压缩。

5）天然气相关污染物可能对燃料电池的运行和寿命造成破坏。因此，如果共用基础设施，则需要进行氢气分离和大量纯化工作。

6）单位体积氢的能量密度约为天然气的 1/3。因此，按体积将 12% 的氢气混合在天然气中，只相当于按能量混入 4% 的氢气。

7）氢气与用于天然气的终端设备的兼容性尚未充分明确。除非能够同时供两种气体使用，否则"电转气"概念须将氢气从天然气中分离。

（四）政商合作共促氢能与燃料电池产业链的发展和完善

随着氢能与燃料电池技术的发展，设备制造商需要一个强大、高效、有竞争力的零部件供应链来支持，以满足成本目标和性能指标。燃料电池供应链目前处于开发阶段，需要进一步的设计、制造准备以及大量的投资才能进入成熟阶段。美国重视氢能与燃料电池的供应链培养，政府与产业界多方合作支持提高制造竞争力的研发活动和交流，共同促进产业链的发展和完善。

由美国燃料电池技术办公室资助建立的 Hydrogen Fuel Cell Nexus（HFC Nexus）是一个综合企业名录，由弗吉尼亚清洁城市、Breakthrough 研究所和 Birch Studio Suppliers 共同开发，帮助连接主机厂和供应商。目前有 561 家氢能和燃料电池公司/制造商被收入该目录，随着国内氢能燃料电池供应链的增长，HFC Nexus[一]也在不断扩大数据库。

除此之外，美国能源部还支持了氢能和燃料电池区域技术交流中心，旨在解决美国的氢能和燃料电池制造技术挑战。这个技术交流中心通过促进氢能和燃料电池组件供应商与原始设备制造商之间沟通互动来壮大国内供应链，以便降低制造成本，加速大规模生产，并提高氢能和燃料电池系统的性能和耐用性。此外，还通过与工业界（系统开发商和

[一] http://hfcnexus.com/.

集成商）以及氢能和燃料电池供应商组成工作组，促进标准化组件和子系统组件规范的发展。除工作组外，技术交流中心还组织国内和区域内供应链交流，通过精心组织的一对一会议，将供应链中的利益相关者连接起来，以帮助改善沟通，加快燃料电池和氢能技术的发展，使公司能够根据自身需要和能力找到潜在的合作伙伴。

七、 总结与建议

氢能作为清洁的二次能源，在应对气候变化、保护环境等方面具有支撑作用。当下世界各国纷纷调整能源发展结构，将氢能作为未来能源的重要组成部分。在区域层面，因地制宜推行试点项目，积极建立氢能示范区和氢气集群；在国家层面，氢能发展战略等全国规划引导性文件已经发布或提上日程；在国际合作方面，美日欧形成的全球氢能联盟和日澳氢能供应链项目等，将成为全球氢能革命的有效助推剂。当下我国紧随国际氢能源发展大潮流，结合自身条件积极开展示范，并取得阶段性的成就。

对于我国而言，目前我国氢气推广主要面临的问题是氢成本高昂、加氢站等基础设施缺乏、氢能发展相关政策和公众氢能意识不足等。综合国际氢能源发展情况，结合我国自身条件优势，为推进中国氢能产业健康、协调、有序发展，提出如下建议：

一是加强顶层设计。建议进一步明确氢能在我国能源发展中的战略地位，研究出台促进燃料电池汽车技术及产业发展的政策措施，明确并系统评估阶段发展目标。完善政策扶持体系，加大研发支持力度，促进燃料电池汽车技术进步和产业化发展。健全顶层规划与地方支持政策联动机制，形成区域间、产业间有效协同。

二是推进氢能供应体系建设。引导地方和企业根据氢燃料供给、消费需求，合理布局加氢基础设施。支持利用现有场地和设施，开展油、气、氢、电综合供给服务。加快加氢站网络布局规划与建设，大幅降低车用氢能成本，破解燃料电池汽车示范运行瓶颈。吸取电动汽车充电基础设施建设经验，结合示范应用项目，推动制氢、储运氢、加氢产业链良性发展，促进形成完善的车用氢能供应体系。

三是稳步实施燃料电池汽车试点示范工程。重点在积极性高、经济基础好、具备氢能和燃料电池汽车产业基础、有市场需求的地区开展试点示范，实现万辆级氢燃料电池汽车规模化示范运行。着重解决氢能基础设施规模化建设及运营中的问题，促进整车及关键零部件技术产业化，营造燃料电池汽车推广应用的良好环境，降低燃料电池汽车生命周期总成本，为燃料电池汽车大规模商业化应用奠定基础。

四是加快实施燃料电池汽车技术创新工程。通过国家科技计划、专项等渠道，加大对燃料电池汽车技术研发和产业化支持力度，突破燃料电池汽车动力系统的核心关键技术，技术水平基本与国际同步，并实现部分技术指标领先；填补氢能及燃料电池汽车产业链空白，产业链重点环节提质增效，基本实现全产业链的自主化，基本建立起能够支撑产业发展的研发能力及生产制造体系。

五是加快氢能标准法规体系建设。完善车用氢气制备、储运、加注等关键环节技术条件及产品认证标准体系。制定适用于车用燃料电池相关的制造、测试及加氢等氢安全技术标准体系。完善加氢基础设施立项、审批、建设、验收及投运等环节的管理规范。建立促进氢燃料制、储、运协调发展的政策机制。明确将氢能作为能源管理。

第 五 部 分

PART FIVE

高压及液氢制储运技术发展趋势、成本、效率及经济性评估

刘玉涛[※]

一、国内外高压、液态制储运技术发展现状

（一）高压、液态制储运技术发展整体情况

氢的规模化供应及储运是当前氢能产业发展亟须解决的问题之一。从目前的发展情况来看，适合于大规模工程化应用的氢储运方式主要有两种，即高压储运和液态制储运。

高压储运是当前应用较成熟的氢储运方式，高压储运技术成熟、能耗少、短距离运输成本低，但运输效率低、长距离运输成本高、加转注耗时长。

液态制储运是在气源端将氢气液化，由液氢槽车运输至液态储氢加氢站，加注至液氢加氢站的液氢储罐中，然后在站内由液氢泵加压并汽化后加注至燃料电池车载气瓶或直接加入液氢瓶中。其优点包括运输效

[※] 刘玉涛，中国航天科技集团有限公司六院101所科技委副主任、副总工程师，研究员，硕士研究生导师，中国制冷学会常务理事、低温专业委员会副主任，工信部国防科技工业安全生产化工材料专家，航天低温推进剂技术国家重点实验室学术委员会委员，中国工业气体协会氢专业委员会副主任。

率高、安全性高、氢气纯度有保障、长距离运输成本低及加转注耗时短，缺点是液化过程能耗高、对液化设备要求高。

当前，在美国、德国、日本等氢能产业发展较好的国家，氢气高压储运技术发展水平较高，液氢供应及储运技术发展也已比较成熟，加氢站以70MPa等级的气态及液态加氢站为主，且近几年液氢加氢站所占比例越来越高。在我国，氢的储运技术与上述国家还有一定差距，目前仍以高压气态储运及配套35MPa的气态加氢站为主，液氢相关技术还只在航天领域应用，在民用领域推广和普及程度还不够。国内外储氢技术对比见表5-1。

表5-1 国内外储氢技术对比

技术项目	国外情况	国内情况
高压储运	以45MPa纤维全缠绕瓶长管拖车为主，单车运输量可达700kg	运输仍以20MPa氢气管束车为主，单车运输量约300kg，45MPa运输车正处于研发阶段
液态制储运	民用领域普及较早，技术成熟，运输主要包括液氢公路槽车、液氢铁路罐车、液氢罐式集装箱及液氢专用驳船几种形式	航天应用发展成熟，民用处于起步阶段。运输方式主要有公路槽车及铁路罐车两种形式
加氢站	以70MPa等级的气态及液态加氢站为主，并且近几年液氢加氢站的比重越来越大	以35MPa的气态站为主，现已建成3座70MPa加氢站

（二）高压、液态制储运技术实际工程化的优劣势分析

从美国、德国、日本等氢能发达国家近年来的实际工程化应用进展情况来看，液氢技术正得到大规模应用。这主要是因为液氢制储运技术路线相对于高压制储运技术路线，在实际工程应用上具有如下几方面的优势：

第五部分
高压及液氢制储运技术发展趋势、成本、效率及经济性评估

一是液氢制储运技术路线在整个产业链环节压力等级较低，相对来说安全性更高。液氢加氢站甚至可直接在居民区进行建设，更适合商业推广应用。而高压制储运技术路线，在生产、运输及应用环节均涉及高压，相对而言安全性要求更高。

二是液氢储运要比高压储运的储重比高。因此，在物流车、重型货车及客车等长期运行又需要大量氢的商用燃料电池车上更适合采用车载液氢供氢系统，相对于高压储存，可携带更多的氢，可减少约30%的进站次数，提升加氢站的利用效率。

三是液氢加氢站要比气氢加氢站运营成本低，更容易实现盈利。一方面，液氢加氢站占地面积比气氢加氢站更小。我国当前正处于氢能发展初期，氢的需求量还不大。在未来氢能规模化工程应用的情况下，供应15座2000kg级别的加氢站，需要设置约20个高压氢充装台，占地和投资都较大。而若采用液氢技术路线，供应15座2000kg级别的加氢站，只需一座30t级别的液化工厂即可。另一方面，加氢站的氢气加注过程中，要求控制氢气温度，避免氢气温度过高对终端气瓶产生危险。因此，未来70MPa的加氢站，需要额外设置氢气降温装置。而液氢技术路线出口均为低温气体，无须降温装置。另外，液氢储存了大量的冷量，未来可深入研究液氢冷量综合利用技术（如冷库、空调等），预计综合冷量可回收40%以上，可进一步利用液氢的潜在价值。

四是液氢在储运环节可保障氢气的纯度，是超纯氢理想的运输方式。我国当前在半导体、电真空材料、硅晶片和光导纤维等领域对超纯氢有很大的需求，但超纯氢极易被污染，采用气态高压储运容易在运输环节引入杂质。但在液氢温度下，大多数气体杂质都已固化，蒸发的氢气纯度很高，且在运输环节能够保障品质，因此，液氢是全球公认的可大规模获得超纯氢的方式，相比于气态提纯技术，具有系统简单、经济、高效可控、不易污染及品质稳定等特点。总的来看，液氢将是我国

未来工业领域运输和获得超纯氢的主要方式。具体到燃料电池行业，按GB/T 37244—2018《质子交换膜燃料电池汽车用燃料—氢气》中规定的氢气质量要求，质子交换膜燃料电池用氢气中总硫含量要求不高于4ppb[⊖]，总卤化物要求不高于50ppb，如超过标准要求，将影响燃料电池的质子膜寿命。当前，很多工业氢气都很难满足该要求，而液氢技术路线在各环节的杂质含量都有保障，蒸发氢气也可满足相关标准的要求。

五是由于液氢制储运技术路线效率更高，1辆液氢槽车运量约相当于8辆20MPa管束车运量，在未来氢能大规模应用时，在环境效益、交通资源占用方面具有显著优势。

当然，与此同时，尤其是考虑到我国当前氢能发展的现状，液氢制储运技术路线相对于高压制储运技术路线也有一些劣势，主要有以下两个方面。

一是液氢制储运技术路线的技术门槛比高压制储运技术路线高。尤其对我国而言，液氢相关技术在民用领域的推广和普及度都不够。事实上，我国在液氢生产、储运及供应等环节基础设施的技术成熟度相比高压制储运技术路线尚有差距。这些都是制约液氢制储运技术实际应用面临的障碍。

二是液氢制储运技术路线的成本比高压制储运技术路线高。氢液化的过程需要消耗的能量很大，约为液氢本身具有燃烧热的1/3，因此，液氢要比高压氢的制备成本明显更高。尽管液氢制储运技术在运输及加氢站运营等方面更具优势，但是在氢能示范及发展初期氢能应用规模不大、氢气运输距离较短的情况下，液氢制储运技术路线的优势还体现不出来。

⊖ $1\text{ppb} = \text{ppm} \times 10^{-3}$，$1\text{ppm} = 1\mu\text{g/mL}$。

二、我国液氢制储运产业链发展现状

（一）液氢生产

我国 1966 年在航天 101 所建成国内首套工业生产液氢装置，采用的是高压节流液化原理，日产量 2.4m³，产量不高，但是它是我国第一套工业化液氢生产设备，且为国内自主设计建设的，标志着我国液氢从实验室阶段走向工业化阶段，也代表我国有相关设备的设计及制造能力。自此，国内在氢液化系统设计、制造、运行及维护等方面技术开始逐步发展。

后来随着航天事业发展，液氢需求日益提高，氢液化设备历经几次扩产，由于透平膨胀机等关键设备及技术发展滞后，目前国内航天领域的氢液化设备都为国外进口，但氢液化设备的国产化研发工作正在开展中，氢液化系统的核心装备主要包括压缩机、透平膨胀机、板翅式换热器、正仲氢转化器及低温调节阀等，目前国内氢液化设备相关产业链技术发展现状如下所述。

在压缩机方面，小型氢液化系统一般采用氦循环制冷方式，适合采用喷油螺杆式氦压缩机，国内目前已有多家厂商具有相关的设计、制造经验，如浙江开山、福建雪人、烟台冰轮及无锡锡压等，可满足氢液化系统集成的相关要求。

大型氢液化系统采用氢循环制冷方式，国内目前正处于研发阶段，陕鼓、沈鼓及浙江开山等厂商具备一定的基础，可开展相关研究。

在透平膨胀机方面，国内西安交通大学、中科院理化所在氦气透平膨胀机的设计方面经验丰富，杭州新亚在氦气透平膨胀机制造方面具备相应的能力和经验，可满足氢液化系统集成需求；氢气透平膨胀机国内目前正在研发阶段，西安交通大学、中科院理化所都正在开展相应的研究，中科富海正在研制用于 5t/天液化系统的氢透平膨胀机。

在板翅式换热器方面，国内板翅式换热器设计及制造能力已经很成熟，三川、杭氧、苏氧、川空、开空及杭州中泰等单位都具备相应的能力，可满足氢液化系统集成需求。

在正仲氢转化器方面，在催化器设计及催化剂生产方面，国内目前航天101所具备相应的基础和经验，可满足氢液化系统集成需求。

在低温调节阀方面，国内已具备一定的基础和能力，但与国外有一定差距。

在系统集成方面，国内开展氢液化系统集成的单位主要有航天101所、中科富海、国富氢能等。航天101所近几年结合自身的技术基础和经验，开始开展氢液化系统国产化研发工作，先后掌握了氢液化工艺流程设计及优化、正仲氢催化剂制备、氢液化控制系统国产化等关键技术，并在300L/h的氢液化系统中对部分研究成果进行了验证，可正常生产液氢并可靠运行。目前正开展$1m^3/h$氢液化系统的集成工作。中科富海$1m^3/h$液化系统目前已经集成完毕，即将开始安装调试。国富氢能计划在引进俄罗斯的工艺包后进行$5m^3/h$的氢液化装置集成。

我国氢液化技术发展缓慢，一个主要原因是以前液氢仅用于航天领域，民用市场无需求；另一个原因是液氢的温度极低、理化性质特殊，危险性大，使用经验少的单位不敢轻易尝试，一般单位也不具备氢生产及液化研发试验的条件；另外，相关关键设备技术不成熟，例如透平膨胀机效率较低、氢气压缩机能耗较高等。

中科院理化所及中科富海在氦制冷机及氢液化设备方面在国内处于领先地位，在氦气透平膨胀机的设计、低温系统集成等方面具有深厚的基础及丰富的经验。航天101所长期从事液体火箭发动机试验工作，有着数十年的液氢生产、使用、运输、维护及试验的经验，从20世纪60年代开始研究并逐步掌握了液氢、液氦、液氧及液氮的理化性能和液氢、液氦制备、储存、使用、安全等技术。同时，在低温阀门、低温管路、气体纯化器、低温容器及低温测量仪器等低温配套设备上具有丰富的设计制造经验。

（二） 液氢储运

在液氢的储运技术方面，国内目前只在航天领域应用，在民用市场还是空白。我国目前的液氢储罐以圆柱形储罐为主，最大储量为 $300m^3$。在运输上，我国在液氢的管道运输、液氢公路槽车及液氢铁路槽车方面有丰富的应用经验。

液氢储运系统以液氢运输车（船）为核心，与运输起点的充装设备和卸车（船）设备，以及安全管理系统共同构成了液氢储运系统。目前，液氢运输方法一般是采用车船输送，输送工具主要有公路拖车、铁路槽车和槽船等，其中，公路拖车应用最多，容积为 $30\sim50m^3$，液氢槽船容积可达 $1000m^3$，铁路槽车容量一般为 $98\sim129m^3$。

以公路拖车为例，运输式液氢容器是主体设备，管道、阀门（泵）、液位计、爆破片等作为附件，以固定式汽车罐车或半挂式汽车罐车为载体，实现液氢的储存和运输。

运输式液氢车辆需要承受运输时的冲击和振动，并在期望的工作寿命内正常工作。汽车罐车应安装有防静电的接地装置，用来防止静电火花导致的事故；汽车罐车上还应设置缓冲装置，防止发生撞击时对罐体的直接破坏。

对于液氢运输，其危险特征来源于容器不能完全绝热和氢气自身的正氢/仲氢转化放热，液氢不断蒸发，使容器内压力越来越高。为避免这种危险，通常在槽车系统上安装卸压阀，保证容器内压力不超过极限值。由于氢气良好的逃逸性，槽车卸出的氢气在户外产生危险的可能性极小。

1. 液氢拖车的储罐

在结构设计上，液氢拖车的储罐明显不同于固定式液氢储罐。一方面，液氢拖车的储罐需要频繁地加注和卸出液氢；另一方面，液氢拖车的储罐需要承受车辆行驶过程中的冲击和振动。这两方面的作用都形成了疲劳载荷，对储罐的正常工作构成威胁。

国外一些公路液氢拖车的储罐性能见表5-2。在储罐设计过程中，为满足运输时能承受冲击和振动的要求，支承结构必须牢固。

表5-2 公路液氢拖车的技术性能

容积/m³	工作压力/MPa	外形尺寸/m×m×m	质量/kg	绝热层厚度/mm	日蒸发率（%）
30	0.89	12.2×2.44×3.54	14600	25.4	0.5
40	0.4	12.9×2.5×4.0	—	30	0.8
50	0.4	ϕ2.42×12.2	—	25	0.4

对于液氢储罐，在使用前要进行预冷处理和置换处理。一般用惰性气体置换并抽真空处理。热的储罐要均匀地预冷，例如采用喷雾法，防止产生过大的温度应力而损坏设备。由于液氢的特性，还应在液体中安置散热片，减轻温度分层现象，不然，由于马兰戈尼效应，可能造成液体骤然蒸发，压力迅速增大，造成事故。

2. 液氢传输管线

液氢管道一般只适用短距离输送，短距离大流速的液氢输送可考虑采用非绝热管道，长时间输送的液氢管路一般采用真空绝热管道。输液软管的技术参数见表5-3。

表5-3 输液软管的技术参数

内管直径/mm	外管直径/mm	支撑片间距/mm	支撑片材料	热流/(W/m)
6~8	16~20	100~200	聚四氟乙烯	1~2
32	60	100~200	聚氯乙烯	1.3

目前，液氢管道在国内航天领域应用较多，民用领域还比较少。DN300/PN10 液氢管道和 DN80/PN10 真空软管得到实际应用，相关技术已经比较成熟。

3. 液氢储运实践

目前我国液氢总储存能力约 2500m^3。图 5-1 所示为我国某液氢储存容器实物，表 5-4 为该容器的主要技术参数。

图 5-1 我国某液氢储存容器实物

表 5-4 我国某液氢储存容器主要技术参数

项目	参数
容器类别	Ⅱ类
容积/m^3	110
净重/kg	37000
最高工作压力/MPa	0.3
绝热形式	真空多层绝热
日蒸发率(%)	0.616
外形尺寸/mm	直径 ϕ3400，高 18200
转注方式	自增压或外接气源

在液氢的运输方面，主要有管道运输、公路运输及铁路运输等几种形式，在航天领域已经进行了数十年的应用和实践，上述三种运输方式的实物如图 5-2～图 5-4 所示。未来液氢罐箱的公路运输模式将有很大应用前景，这种模式采用 40ft 罐式集装箱 + 牵引车头 + 底盘车的形式。

图 5-2 我国液氢管路运输实物

图 5-3 我国液氢公路运输实物

图 5-4 我国液氢铁路运输实物

三、对高压、液态制储运技术的经济性评估分析

（一）经济性评估假设条件

从成本构成维度看，对高压、液态制取以及不同距离下的运输及加氢站建设运营等全产业链成本对比，主要包括制取（液氢储运的液化、高压储运的压缩）、运输、加转注及运营等方面的成本。经济性评估设置的假设条件如下所述。

1) 计量标准：两种制储运氢方式的相关成本均按相同的供氢量计算。

2) 氢气源成本：氢气源按工业副产氢纯化后满足燃料电池用氢质量标准的氢气计算，成本为 1.5 元/Nm³。

3) 电力成本：0.6 元/kW·h。

4) 运输标准：液氢采用 40ft 罐式集装箱 + 底盘车 + 牵引车头的方式，水容积为 40m³，充装率为 0.9，残液量按 2m³ 计算，有效运输量为 34m³，单次有效运输能力约为 2.4t，一辆车可满足两座加氢站的加氢需求；高压气氢采用 20MPa 长管拖车 + 牵引车头的方式，水容积为 25.9m³，充装压力按 18MPa、残留压力按 5MPa 计算，有效运输量约为 0.3t，约 8 辆车相当于 1 辆液氢车的运输量。

（二）制取成本比较

液氢制取成本按液化系统 30t/天的生产效率[○]，投资成本 9.8 亿元（20 年折旧），综合功耗 10kW·h/kg、年运行时间 8000h 年产量 1 万 t，液氢密度 70.8kg/m³ 进行估算。据此，氢液化成本计算见表 5-5，成本构成如图 5-5 所示。

表 5-5　液氢成本构成估算

分项	成本/(万元/年)	成本/(元/kg)
氢气	16950	16.95
材料和水电	6000	6
人工	500	0.5
设备折旧及维护	6000	5.3
液化总成本	12500	12.5
液氢总成本	29450	29.45

○ 此处按国际大型氢液化系统产量估算，国内目前使用液氢系统日产量最高约 2.8t/天。

图 5-5 液氢在制取成本上的构成

目前行业 20MPa 高压气氢压缩成本为 2 元/kg，大型氢液化装置的液化成本约为 12.5 元/kg，20MPa 高压气氢成本明显更低，液氢的加工成本约高出 10.5 元/kg。导致这一差异的主要原因包括氢液化过程需要采用液氮或其他低温液体作为预冷介质，氢液化过程能耗高；氢液化系统投资高等。

（三）运输成本比较

在运输端，储运成本主要包括固定成本和可变成本两部分。其中，固定成本主要包括运输装备的投资及相关人工费；可变成本主要包括油料、轮胎、车险维保及高速费等随运输距离变动的成本。

表 5-6～表 5-8 为液氢储运方式的固定成本、可变成本以及不同运输距离下运输成本的估算。

表 5-6 液氢储运固定成本

费用类别	金额/(万元/年)	测算依据
车辆固定投入	24	40ft 集装箱成本约 200 万元，底盘车约 10 万元，牵引车头约 30 万元，折旧 10 年
人工成本	66	4 人（两班倒），500 元/人·天，年运行 330 天
总计	90	

表5-7 液氢储运可变成本

费用类别	金额/(元/km)	测算依据
油料费	1.95	百公里油耗为30L，按6.5元/L计算
车检维修保养	0.56	牵引车：二保2万km，5000元/次；小修以二保30%计算；大修预提5万元/30万km 后挂车：二保5万km，2500元/次；小修以二保30%计算
高速费及其他	1.30	—
合计	3.81	

表5-8 液氢储运不同运输距离下运输成本

运输距离/km	单趟耗时/h	日趟数	日运输量/(t/天)	日运输固定成本/(元/天)	日运输变动成本/元	运输成本/(元/kg)	到站成本/(元/kg)
50	2.25	10.67	25.60	2727.27	4064.00	0.27	29.72
100	3.5	6.86	16.46	2727.27	5225.14	0.48	29.93
200	6	4.00	9.60	2727.27	6096.00	0.92	30.37
250	7.25	3.31	7.94	2727.27	6306.21	1.14	30.59
300	8.5	2.82	6.78	2727.27	6454.59	1.35	30.80
400	11	2.18	5.24	2727.27	6650.18	1.79	31.24
500	13.5	1.78	4.27	2727.27	6773.33	2.23	31.68
600	16	1.50	3.60	2727.27	6858.00	2.66	32.11
700	18.5	1.30	3.11	2727.27	6919.78	3.10	32.55
800	21	1.14	2.74	2727.27	6966.86	3.53	32.98
900	23.5	1.02	2.45	2727.27	7003.91	3.97	33.42
1000	26	0.92	2.22	2727.27	7033.85	4.41	33.86

注：单趟运输量2.4t，加转注过程消耗时间0.5h，平均时速80km/h，日运行时间24h。

表5-9~表5-11为高压储运方式的固定成本、可变成本以及不同运输距离下运输成本的估算。

表 5-9 高压储运固定成本

费用类别	金额/（万元/年）	测算依据
车辆固定投入	12	20MPa 管束车约 60 万元，牵引车约 60 万元，共计 120 万元，折旧 10 年
人工成本	66	4 人（两班倒），500 元/人·天，年运行 330 天
总计	78	

表 5-10 高压储运可变成本

费用类别	金额/（元/km）	测算依据
油料费	2.93	百公里油耗 45L，按 6.5 元/L 计算
车检维修保养	0.84	液氢用 20t 车，气氢用 30t 车，综合消耗按液氢的 1.5 倍估算
高速费及其他	1.95	
总计	5.72	

表 5-11 高压储运不同运输距离下运输成本

运输距离/km	单趟耗时/h	日趟数	日运输量/（t/天）	日运输固定成本/（元/天）	日运输变动成本/元	运输成本/（元/kg）	到站成本/（元/kg）
50	7.25	3.31	0.99	2363.64	1893.52	4.29	23.24
100	8.5	2.82	0.85	2363.64	3230.12	6.60	25.55
200	11	2.18	0.65	2363.64	4992.00	11.24	30.19
250	12.25	1.96	0.59	2363.64	5603.27	13.55	32.50
300	13.5	1.78	0.53	2363.64	6101.33	15.87	34.82
400	16	1.50	0.45	2363.64	6864.00	20.51	39.46
500	18.5	1.30	0.39	2363.64	7420.54	25.14	44.09
600	21	1.14	0.34	2363.64	7844.57	29.77	48.72
700	23.5	1.02	0.31	2363.64	8178.38	34.41	53.36
800	26	0.92	0.28	2363.64	8448.00	39.04	57.99
900	28.5	0.84	0.25	2363.64	8670.32	43.68	62.63
1000	31	0.77	0.23	2363.64	8856.77	48.31	67.26

注：单趟运输量 0.3t，加转注过程消耗时间 3h，平均时速 80km/h，日运行时间 24h。

通过上述测算可知，液氢储运方式相比高压气氢储运方式的成本更低，并且这种成本绝对差值随着运输距离的增加会更为明显，具体如图5-6所示。

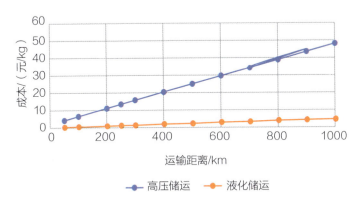

图5-6 不同运输距离下运输成本对比

如果加上制取端成本（液氢29.45元/kg，气氢18.95元/kg），可得到最终到站成本，具体如图5-7所示。

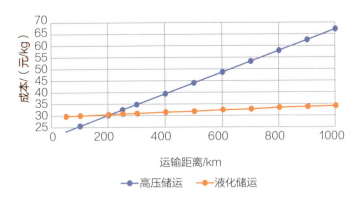

图5-7 不同运输距离下到站成本对比

由以上估算分析可得：一方面，仅从运输成本上来看，在同等运输距离下，20MPa高压气氢储运的成本是液态储运成本的10倍以上；运输距离每增加100km，高压储运运输成本增加约4.63元/kg，而液态储运运输成本仅增加约 0.44 元/kg；液态储运成本受运输距离影响不大，在 1000km 范围内，成本不高于 4.5 元/kg，而高压储运成本则受运输距离影响很大，因此，在长距离运输时，液压储运的经济性明显更好。另一方面，若进一步考虑制取端成本，则两种氢制储运方式在考虑制取端和储运端时的总成本在运输距离约 205km 时达到平衡，在 205km 以下时，高压储氢制取方式的综合成本更低；在 205km 以上时，液氢储运制取方式的综合成本更低。

（四） 加氢站建设和运营成本比较

高压及液氢加氢站均按 1000kg 储氢量估算，固定资产投资折旧按 20 年计算，假设加氢站年运行 300 天，日均加氢量 800kg。由此估算可得：液氢加氢站的建设和运营成本约为 4.77 元/kg，而高压加氢站则为 5.08 元/kg。具体见表 5-12。

表 5-12 高压及液化加氢站（800kg/天）建设和运行成本构成对比

（单位：元/kg）

区分1	区分2	液氢加氢站	高压加氢站
投资/万元	折旧20年	1450	1600
人工成本/万元	—	30	30
成本/（元/kg）	折旧成本	3.02	3.33
	人工成本	1.25	1.25
	加注成本	0.5	2.5
总成本		4.77	5.08

液氢与高压气氢制储运技术路线的制备、储运及运营成本累加后成本对比情况如图 5-8 所示。

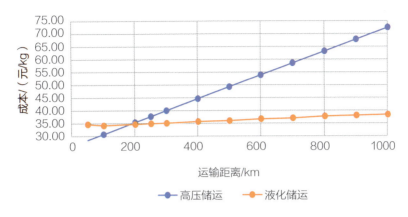

图 5-8 液化及高压路径全产业链成本对比

在考虑制取端、储运端及运营端时的总成本在运输距离接近 200km 时达到平衡。通过上述对液氢及高压两种技术路线在制取、储运及运营几方面的对比，可以知道，液氢储运技术路线在储运和运营成本上都比高压储运技术路线有优势，但制取成本相对更高。未来，随着相关技术的进步，如果液氢制取成本能够进一步下降（如技术提升、电价降低等），则两种技术路线的储运成本平衡距离点（即在该运输距离下，液氢和高压技术路线的制储运加全产业链成本相等；在该距离之下，高压技术路线成本更低；在该距离之上，液氢技术路线成本更低）将进一步减小。

总的来看，在综合考虑制取、运输以及加氢站建设和运营成本的情况下，对两种技术路线的经济性评估主要有以下两点结论。一是液氢加氢站建设和运营成本比高压加氢站低，这会进一步降低两种技术路线的平衡距离点。在本评估模型假设条件下，运输距离 200km 以下的采用高压储运更经济，200km 以上的采用液态储运更经济。二是液氢技术路线的主要成本劣势在于制取端成本高，液氢制取成本的降低对推广液氢路线具有重大意义。

（五）小结

综合以上两种储运方式在各个环节成本的分析估算，可得出以下主要结论。

一是液态储运技术路线的成本随距离变化略有变化，但基本可忽略不计；高压储运技术路线的成本受距离影响很大，运输距离越远，成本越高。

二是两种储运技术路线在制取成本和运输距离的双重影响下，存在某个距离的平衡距离点。在该平衡距离点运距之下，高压储运技术路线成本更低；在该平衡距离点运距之上，液态储运技术路线成本更低。

三是两种储运技术路线在制备及运输成本上之所以会出现这种明显差别，是因为在制取环节液氢的制取成本比高压氢的制取成本要高出很多；在运输过程中，由于液氢储运规模大、效率高，高压氢的储运成本约是液氢储运成本的8倍以上；在运营方面，高压站的运营成本略高于液氢站。因此，两种储运技术路线在制取、储存及运营环节各具优势，从而形成了在某一距离下制储运成本交叉。

四是平衡点会随着场景参数变化，但此趋势在未来不会发生重大变化。本评估模型是以$40m^3$液氢罐箱和20MPa管束车为基础的。未来随着两种储运技术的发展，液氢储运将逐步发展为$100m^3$铁路槽车，运输量约为6000kg；高压储运将逐步发展为45MPa管束车，运输量约为700kg，因此，在运输效率上依然是约8倍的关系，储运成本比较不会发生大的变化。

五是储运平衡点是未来储运方式选择的重要参考依据之一。储运平衡点会受多方面因素的综合影响，未来高压及液化两种不同制储运技术路线都将向效率更高、成本更低的方向发展，两种技术路线都各有适合的运输范围及应用场景。

四、对氢气制储运技术发展的展望

(一) 对国外氢制储运技术发展方向的认识

当前，美国、德国、日本等氢能发达国家在氢的储运和供应模式上逐步向液氢技术路线发展，液氢技术及装备已开始在民用领域大规模推广和应用。以美国为例，美国是当前世界上液氢产能最大的国家，其中大部分应用于民用市场。美国液氢应用领域分布如图 5-9 所示。近两年来，美国进一步加大了液氢工厂建设力度，普莱克斯公司、空气化工及液化空气等公司陆续在美国投资建设日产 30t 及百吨级的氢液化工厂，为美国氢能应用提供液氢，满足各行业对氢气的需求。此外，日本与澳大利亚合作开展氢能供应链项目 HESC，在澳大利亚的维多利亚利用褐煤制氢，液化后利用液氢运输驳船运至日本，为液氢作为新能源进行国际大宗贸易提供了新的模式。另外，采用液氢罐式集装箱进行液氢转运和应用，可简化液氢储运流程、提高效率并降低成本，有望成为未来液氢储运及供应的新模式。

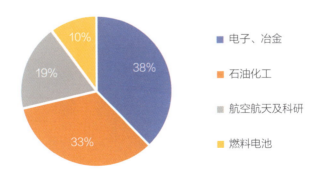

图 5-9 美国液氢应用领域

(二) 对国内燃料电池汽车产业化应用下氢储运技术路线的经济性评估

从当前实际情况看，我国加氢站以 35MPa 的气态站为主，建站选址一般选靠近氢源的位置，运输距离较近，且大部分为三级站（储氢量不高于1000kg）。因此，在当前氢能示范运行时期，从技术成熟度和成本上考虑，采用高压储运更为合适。尽管离商业运营还有距离，一些加氢站为配套燃料电池汽车的示范运行，已经预留了70MPa加注接口。未来随着燃料电池汽车的推广和普及，我国氢能相关的基础设施也将会越来越完善，加氢站将逐步向高储氢量的70MPa等级及液态储氢加氢站发展。

另外，随着我国燃料电池汽车保有量的不断增长，氢能汽车在全国各地的分布以及用氢需求的增加，将使加氢站在全国范围内大量布局，且在市区内的加氢站将越来越多。在这种情况下，氢的储运及供应逐步从现在的小规模、短距离向大规模、长距离转变。因此，液氢储运技术路线的优势将慢慢开始体现出来。

以燃料电池汽车保有量在20万辆（包括商用车10万辆、乘用车10万辆）的情况为例，对两种技术路线下的相关情况进行估算对比，具体见表5-13和表5-14。

表5-13 燃料电池规模化运营情况下加氢量需求估算

	加氢量需求		
	商用车	乘用车	总计
燃料电池汽车保有量/万辆	10	10	20
百公里氢耗/kg	按平均10（物流车3、重型货车15）	1	
年行驶里程/万km	10	1.5	
单车日加氢需求/kg	30	0.5	
总日加氢需求/t	3000	50	3050
2t/天加氢站需求/座	1500	25	1525

表5-14 燃料电池规模化运营情况下两种技术路线对比

项目	液氢技术路线	高压技术路线
所需储运基础设施	100个30t/天液氢工厂 1200辆液氢运输车 1个液氢工厂+12辆车可供应约15个加氢站	2000个高压充装台 10000辆高压管束车 20个充装台+100辆车可供应约15个加氢站
应用模式分析	依托煤制氢、工业副产氢、大型可再生能源制氢等制氢站建设氢液化工厂，辐射多个加氢站，通过液氢槽车进行长距离运输	依托煤制氢、工业副产氢、大型可再生能源制氢等制氢站建设高压充装台，为运输距离近的加氢站供应氢气
优点	运输效率高，减少运输车进站加转注次数，所需设备设施及人员少，在充装和卸载两端停留时间短，基本不会造成在氢液化工厂及加氢站的拥堵，长距离运输成本有保障，安全性好，氢气纯度有保障	短距离运输成本低
缺点	短距离运输成本高	不能供应液氢加氢站，运输效率低，所需设备设施及人员多，运输车进站次数多，在充装及卸载两端停留时间长，容易造成压气站及加氢站的拥堵，长距离运输成本大幅增加，纯度及安全性较差

由上述分析估算可见，在燃料电池汽车开启规模化应用后，液氢储运在实际工程应用上的优势将逐步体现，液氢制储运有望成为未来燃料电池汽车用氢的主要储运模式。

（三）小结

从上文对高压及液态制储运两种技术路线的比较和分析看，两种技术路线适用于不同的运输距离，高压技术路线适合于短距离运输，液化技术路线适合于长距离运输。总的来看，两种氢的制储运方式未来将相辅相成，协同发展。

通过对当前国外氢能发达国家氢储运技术发展形势的分析，以及对氢的液态和高压储运在实际大规模、工程化应用的优缺点对比，高压储氢技术目前发展得最为成熟，是我国当前应用最广泛的氢储运方式，在一定时间内将占主导地位，不过存在储运效率低、长距离运输成本高等缺点，未来应用占比很可能逐渐下降。低温液态储氢是当前国外氢能发达国家主推的氢规模化储运方式，具有储运规模大、效率高、安全性好、氢气纯度有保障及冷量可利用等优点，有望成为我国未来氢规模化储运的重要方式，不过同时也存在液化成本高、相关技术及装备发展不成熟等缺点。

随着我国燃料电池汽车产业的持续发展，未来氢的规模化储运将以高压及低温液态氢储运为主，辅以有机液体储氢、固态储氢等正在研发中的新型储氢技术，因地制宜，协同发展，高压储氢的占比将逐渐降低，其他储氢方式的占比将逐渐提高。随着未来氢能技术设施普及程度越来越高，氢能在我国及世界范围内规模化发展及应用，液氢制储运的技术路线在实际工程应用方面更具潜力和优势，有望成为未来氢气规模化应用的主要储运方式之一。

附 录

附录 A 加氢基础设施及燃料电池汽车相关数据统计

表 A-1 全球加氢基础设施建设统计[①]（截至 2019 年 9 月）

国家/地区	已建成数量	国家/地区	已建成数量	国家/地区	已建成数量
日本	109	英国(苏格兰)	5	巴西	1
德国	70	瑞典	5	哥斯达黎加	1
美国	46	西班牙	4	捷克共和国	1
中国	45	瑞士	4	马来西亚	1
韩国	28	比利时	3	沙特阿拉伯	1
英国	12	印度	3	斯洛文尼亚	1
丹麦	11	荷兰	3	土耳其	1
法国	11	澳大利亚	3	阿拉伯	1
挪威	9	冰岛	3	威尔士	1
加拿大	7	意大利	2		
奥地利	6	芬兰	2		

① 数据来源于 IPHE。

表 A-2　国内外燃料电池乘用车参数对比

参数	丰田 Mirai	本田 Clarity	现代 ix35	现代 Nexo	上汽荣威 950
车辆自重/kg	1850	1890	2290	2210	2080
最高车速/(km/h)	175	166	160	179	160
0—100km/h 加速时间/s	9.6	8.8	12.5	9.7	12
燃料电池堆功率/kW	114	103	124	135	43
电堆体积比功率/(kW/L)	3.1	3.1	—	3.1	2
低温冷启动温度/℃	-30	-30	-30	-30	-20
电池参数	1.6kW·h 镍氢电池	1.7kW·h —	0.95kW·h 锂离子电池	1.56kW·h 锂离子电池	11kW·h 镍钴锰酸锂
电机参数	113kW 335N·m	130kW 300N·m	100kW 300N·m	120kW 395N·m	90kW 300N·m
规格/MPa×个数	70×2	70×2	70×2	70×3	70×2
储氢瓶总容量	122.4L 4.92kg	141L 5.67kg	144L 5.64kg	156.6L 6.33kg	4.2kg
续驶里程/km	650 (JC08 工况)	750 (JC08 工况)	600	800 (NEDC 工况)	430

附录 B 国家及地方政府氢能与燃料电池汽车相关产业规划

表 B-1 国家发布的氢能与燃料电池相关产业规划

序号	发布的文件讲话	发布时间	与氢能和燃料电池相关的内容
1	李克强在国家能源委员会议上提出：探索先进储能、氢能等商业化路径	2019年10月11日	发展水电、风电、光电等可再生能源，提高清洁能源消纳水平；要加快能源开发利用关键技术和重大装备攻关，探索先进储能、氢能等商业化路径
2	中共中央、国务院印发《交通强国建设纲要》	2019年9月19日	加强充电、加氢、加气和公交站点等设施建设；推进新能源、清洁能源应用；打好柴油货车污染治理攻坚战
3	国家发展和改革委员会在新闻发布会中提到：统筹规划氢能布局	2019年7月16日	积极推进风电、光伏发电转型发展，支持各类主体按照市场化原则投资建设储能系统，统筹规划氢能布局
4	国家发展和改革委员会、商务部发布《鼓励外商投资产业目录（2019年版）》	2019年6月30日	意见提出稳定汽车消费，继续执行新能源汽车购置优惠政策，推动充电、加氢站等设施建设
5	财政部、税务总局《关于继续执行的车辆购置税优惠政策的公告》	2019年6月28日	继续执行车辆购置税优惠政策，自2018年1月1日至2020年12月31日，对购置新能源汽车免征车辆购置税，包括燃料电池汽车

（续）

序号	发布的文件/讲话	发布时间	与氢能和燃料电池相关的内容
6	工业和信息化部发布《2019年新能源汽车标准化工作要点》	2019年5月15日	燃料电池领域、加氢系统领域成为研究重点领域，对燃料电池汽车及加氢技术领域标准提出了要求
7	国务院发布《国务院关于落实〈政府工作报告〉重点工作部门分工的意见》	2019年4月9日	意见提出稳定汽车消费，继续执行新能源汽车购置优惠政策，推动充电、加氢等设施建设
8	国家发展和改革委员会发布《产业结构调整指导目录（2019年，征求意见稿）》	2019年4月8日	高效制氢、运氢及高密度储氢技术开发应用及设备制造，加氢站建设等内容被列入第一类（鼓励类）中
9	财政部、工业和信息化部、科技部、发展和改革委员会联合发布《关于进一步完善新能源汽车推广应用财政补贴政策的通知》	2019年3月26日	2019年3月26日至2019年6月25日为过渡期。过渡期后不再对新能源汽车（新能源公交车和燃料电池汽车除外）给予购置补贴，转为用于支持充电（加氢）基础设施"短板"建设和配套运营服务等方面。过渡期期间，销售上牌的燃料电池汽车按2018年对应标准的0.8倍补贴
10	国务院2019年《政府工作报告》	2019年3月16日	氢能首次被写入政府工作报告，强调"推动充电、加氢等设施建设"

附录

	发布单位	发布时间	主要内容
11	国家发展和改革委员会、工业和信息化部、自然资源部、生态环境部、住房城乡建设部、人民银行、国家能源局联合发布《绿色产业指导目录（2019年版）》	2019年3月6日	燃料电池装备制造、氢能利用设施建设和运营等项目列入清洁能源产业目录
12	国家发展和改革委员会发布《鼓励外商投资产业目录（征求意见稿）》	2019年2月1日	从上游的氢能制储运设备、中游的加氢站建设经营、燃料电池系统，到下游的燃料电池汽车零部件，氢能与燃料电池全产业链均纳入了鼓励外商投资的范围
13	生态环境部、国家发展和改革委员会等11个部门发布《柴油货车污染治理攻坚战行动计划》	2019年1月4日	《计划》提出，要积极推广应用新能源物流配送车。鼓励各地组织开展燃料电池货车示范运营，建设一批加氢示范站。优化承担物流配送的城市新能源车辆的便利通行政策

表 B-2 我国地方政府发布的氢能与燃料电池相关产业规划

序号	发布地区	文件名称	发布单位	发布时间	摘要
1	天津市	《天津市氢能产业发展行动方案（征求意见稿）》	天津市发展和改革委员会	2019年10月23日	到2022年，力争建成10座加氢站；开展3条以上公交或通勤线路示范运营；实现其他领域供突破，建成1至2个氢燃料电池热电联供示范项目
2	四川成都	《成都市支持氢能暨新能源汽车产业发展及推广应用若干政策》	成都市经济和信息化局，成都市财政局，成都市科学技术局，成都市发展和改革委员会，成都市公安局交通管理局	2019年10月11日	支持本市企业实施氢能暨新能源汽车重大科技创新项目；对本市企业制造的首台（套）燃料电池产品给予奖励；购置燃料电池汽车新车，按照中央财政补贴额的50%给予市级配套补贴；加氢站改革车补贴最高补贴500万元
3	浙江宁波	《宁波市促进氢能产业发展实施办法（征求意见稿）》	宁波市能源局	2019年10月10日	鼓励引进氢能大企业和氢能投资项目；对加氢站给予资金扶持；加快氢能产业人才队伍建设；关键技术突破及成果转换扶持；强化产业平台服务，支持企业建设功能平台；加快建立行业标准，支持企业参与标准制定
4	山东济南	《济南新旧动能转换先行区氢能产业发展规划》	济南先行区管委会	2019年9月22日	推动可再生能源制氢和工业副产氢提纯；重点布局35MPa和70MPa高压气态储氢设施；布局35座加氢站；示范推广燃料电池汽车规模超3000辆；在先行区建设加氢站最高给予900万元补贴

附 录

序号	地区	政策名称	发布单位	发布时间	主要内容
5	浙江省	《浙江省加快培育氢能产业发展的指导意见》	浙江省发展和改革委员会、浙江省经济和信息化厅、浙江省科学技术厅	2019年8月28日	明确氢能产业发展目标，规划布局基础设施，积极招引氢能产业重大项目，开展应用试点
6	江苏省	《江苏省氢燃料电池汽车产业发展行动规划》	江苏省工业和信息化厅、江苏省发展和改革委员会、江苏省科学技术厅	2019年8月7日	明确提出氢燃料电池汽车产业的发展目标，对氢能产业事业做出整体布局
7	江苏张家港	《张家港市氢能产业发展规划》	张家港市人民政府	2019年6月17日	明确张家港氢能产业发展方向与重点，优化产业布局，加强政策引导，打造"中国氢港"
8	河北张家口	《氢能张家口建设规划（2019—2035年）》	张家口人民政府	2019年6月13日	明确了氢能张家口发展的优势和现状、总体思路、发展目标、建设的主要任务、重点工程、产业空间布局、经济效益、社会效益和环境效益等内容
9	上海嘉定区	《嘉定区鼓励氢燃料电池汽车产业发展扶持政策（试行）》	上海市嘉定区经济委员会等6部门	2019年6月10日	提出加大产业集聚，完善产业配套

（续）

序号	发布地区	文件名称	发布单位	发布时间	摘要
10	上海嘉定区	《氢燃料电池汽车产业集聚区规划》	上海市嘉定区经济委员会、上海市嘉定区发展和改革委员会、上海市嘉定区科学技术委员会、上海市嘉定区财政局、上海市嘉定区规划资源局、上海市嘉定区建设管理委员会	2019年6月10日	规划嘉定氢燃料电池汽车产业集聚区
11	吉林白城	《白城市新能源与氢能产业发展规划》	白城市政府	2019年5月29日	年生产氢气能力达到百万吨级，产值近2000亿元，累计投资可达到2000亿元，形成具有国际影响力的新能源与氢能区域与产业集群
12	山东潍坊	《潍坊市人民政府办公室关于做好全市汽车加氢站规划建设运营管理工作的意见》	潍坊市人民政府办公室	2019年5月7日	提出规范加氢站经营服务行为，加快推进加氢站规划建设、明确加氢站监管原则和职责分工等要求
13	安徽六安	《六安市人民政府关于大力支持氢燃料电池产业发展的意见》	六安市发展和改革委员会	2019年4月22日	加快氢燃料电池商业化、规模化进程；做大做强核心龙头企业，打造氢燃料电池产业基地；加快推进加氢站等基础设施建设，最高补助400万元

14	山西长治	《关于印发长治市上党区氢能产业扶持办法（试行）》	长治市上党区人民政府	2019/3/28	加氢站设施建设和运营补贴。氢燃料电池汽车运行补贴另行制定
15	湖南株洲	《株洲市氢能产业发展规划（2019—2025）》	株洲市人民政府	2019年3月21日	提出对加氢站、燃料电池汽车的发展规划
16	浙江宁波	《宁波市人民政府办公厅加快氢能产业发展的若干意见》	宁波市人民政府办公厅	2019年1月24日	从六方面推进氢能产业发展，形成具有全球影响力的氢能产业基地
17	江苏常熟	《常熟市氢燃料电池汽车产业发展规划》	常熟市委、市政府	2019年2月11日	明确提出将氢燃料电池汽车产业的发展作为常熟推进产业结构调整、科技创新突破、丰富年轻汽车城内涵的重要抓手，目标是到2030年形成千亿级产业集群，打造中国氢燃料电池汽车新高地
18	浙江嘉善	《嘉善县推进氢能产业发展和示范应用实施方案（2019—2022年）》	嘉善县人民政府办公室	2019年2月1日	明确加快推动嘉善县氢能与燃料电池产业发展，同时开展燃料电池汽车产业试点示范；促进氢能与燃料电池领域研发、制造与应用融合发展，将嘉善打造成为长三角一体化区域氢能与燃料电池产业基地

(续)

序号	发布地区	文件名称	发布单位	发布时间	摘要
19	佛山市南海区	《佛山市南海区促进加氢站建设运营及氢能源车辆运行扶持办法》	佛山市南海区人民政府办公室	2019年1月9日	明确了加氢站扶持对象,制定了加氢站扶持标准、运营扶持标准等
20	江苏张家港	《张家港市氢能产业发展三年行动计划(2018—2020年)》	张家港市人民政府	2018年12月24日	推动氢能产业向规模化、集群化、高端化方向发展,打造全国领先的创新研发、装备制造、示范应用氢能产业高地
21	广东佛山	《佛山市人民政府关于印发佛山市氢能源产业发展规划(2018—2030年)的通知》	佛山市人民政府	2018年11月23日	明确提出至2030年要形成产值超千亿元的氢能源及相关产业
22	江苏如皋	《如皋市扶持氢能产业发展实施意见》	如皋市人民政府	2018年10月9日	以制氢设备、氢燃料电池、氢燃料电池汽车等为切入点,明确构建一个核心发展区域,N个配套产业发展镇(区)的"1+N"氢能产业集聚发布体系,打造一条制储运氢、加氢、氢燃料电池研发生产、氢燃料电池汽车开发制造、氢能产品示范应用"五位一体"的氢能产业链

附　录

23	上海市	《上海市燃料电池汽车推广应用财政补助方案》	上海市科学技术委员会、上海市发展和改革委员会、上海市经济和信息化委员会、上海市财政局	2018年5月21日	明确燃料电池车按照中央财政补助1：0.5给予上海财政补助
24	湖北武汉	《武汉经济技术开发区(汉南区)加氢站审批及管理暂行办法》	武汉开发区管委会、汉南区政府	2018年4月25日	明确武汉市汉南区加氢站审批及管理办法
25	江苏苏州	《苏州市氢能产业发展指导意见（试行）》	苏州市发展和改革委员会	2018年3月13日	提出发展氢能产业的重点目标、任务和保障措施
26	上海市	《上海市燃料电池汽车发展规划》	上海市科学技术委员会、上海市经济和信息化委员会、上海市发展和改革委员会	2017年9月5日	明确上海市燃料电池汽车近期、中期、长期发展目标，明确构建应用驱动的发展模式，规划加氢站建设、创建产业园区、建设公共服务平台、实施重大专项、设立产业基金六项重点任务

附录 C 中国氢能与燃料电池相关标准

表 C-1 中国燃料电池汽车相关标准

序号	标准号	名称
1	GB/T 24549—2009	燃料电池电动汽车　安全要求
2	GB/T 24554—2009	燃料电池发动机性能试验方法
3	GB/T 26779—2011	燃料电池电动汽车　加氢口
4	GB/T 26990—2011	燃料电池电动汽车　车载氢系统　技术条件
5	GB/T 29126—2012	燃料电池电动汽车　车载氢系统　试验方法
6	GB/T 24548—2009	燃料电池电动汽车　术语
7	GB/T 26991—2011	燃料电池电动汽车　最高车速试验方法
8	GB/T 34425—2017	燃料电池电动汽车　加氢枪
9	GB/T 34593—2017	燃料电池发动机氢气排放测试方法
10	GB/T 35178—2017	燃料电池电动汽车　氢气消耗量测量方法
11	QC/T 816—2009	加氢车技术条件
12	GB/T 29123—2012	示范运行氢燃料电池电动汽车技术规范
13	GB/T 29124—2012	氢燃料电池电动汽车示范运行配套设施规范
14	GB/T 37154—2018	燃料电池电动汽车　整车氢气排放测试方法

表 C-2 中国燃料电池相关标准

序号	标准号	名称
1	GB/T 34872—2017	质子交换膜燃料电池供氢系统技术要求
2	GB/T 20042.2—2008	质子交换膜燃料电池　电池堆通用技术条件
3	GB/T 31035—2014	质子交换膜燃料电池电堆低温特性试验方法
4	GB/T 33979—2017	质子交换膜燃料电池发电系统低温特性测试方法
5	GB/T 33978—2017	道路车辆用质子交换膜燃料电池模块
6	GB/T 29838—2013	燃料电池　模块

附 录

（续）

序号	标准号	名称
7	GB/T 25319—2010	汽车用燃料电池发电系统　技术条件
8	GB/T 23645—2009	乘用车用燃料电池发电系统测试方法
9	GB/T 28183—2011	客车用燃料电池发电系统测试方法
10	GB/T 36288—2018	燃料电池电动汽车　燃料电池堆安全要求

表 C-3　中国加氢基础设施相关标准

序号	标准号	标准名称
1	GB/T 19773—2005	变压吸附提纯氢系统技术要求
2	GB/T 19774—2005	水电解制氢系统技术要求
3	GB/T 24499—2009	氢气、氢能与氢能系统术语
4	GB/T 26915—2011	太阳能光催化分解水制氢体系的能量转化效率与量子产率计算
5	GB/T 26916—2011	小型氢能综合能源系统性能评价方法
6	GB/T 29411—2012	水电解氢氧发生器技术要求
7	GB/T 29412—2012	变压吸附提纯氢用吸附器
8	GB/T 30719—2014	液氢车辆燃料加注系统接口
9	GB/T 31138—2014	汽车用压缩氢气加气机
10	GB/T 31139—2014	移动式加氢设施安全技术规范
11	GB/T 33291—2016	氢化物可逆吸放氢压力-组成-等温线（P-C-T）测试方法
12	GB/T 33292—2016	燃料电池备用电源用金属氢化物储氢系统
13	GB/T 34537—2017	车用压缩氢气天然气混合燃气
14	GB/T 34539—2017	氢氧发生器安全技术要求
15	GB/T 34540—2017	甲醇转化变压吸附制氢系统技术要求
16	GB/T 34542.1—2017	氢气储存输送系统　第1部分：通用要求

（续）

序号	标准号	标准名称
17	GB/T 34542.2—2018	氢气储存输送系统 第2部分：金属材料与氢环境相容性试验方法
18	GB/T 34542.3—2018	氢气储存输送系统 第3部分：金属材料氢脆敏感度试验方法
19	GB/T 34544—2017	小型燃料电池车用低压储氢装置安全试验方法
20	GB/T 34583—2017	加氢站用储氢装置安全技术要求
21	GB/T 34584—2017	加氢站安全技术规范
22	GB/T 37244—2018	质子交换膜燃料电池汽车用燃料 氢气
23	GB/Z 34541—2017	氢能车辆加氢设施安全运行管理规程